SERIES
事件と犯罪を読む

宗教弾圧と国家の変容

オウム真理教事件の「罪と罰」

Mori Tatsuya
森 達也
Koishikawa Zenji
礫川全次

批評社

２０１４年11月７日　文京アカデミー音羽にて収録

まえがき

本書は、映画監督の森達也さんと在野史家の礫川全次がおこなった対談を再現したものである。対談の日時は、二〇一四年一一月七日の午後一時から五時であった。オウム真理教事件とその裁判を話題の中心に据え、そこから派生してくる様々なテーマについて、縦横に論じあった。その場で言い落としたこと、あるいは説明が十分でなかったことなどについては、「注」の形で補った。

対談では、実に多くのテーマについて論議した。それらのテーマを、ザッと挙げてみよう。死刑、マスメディア、公安警察、謀略論、麻原彰晃、「国家と宗教」、排除の構造、映画『A』、ノンフィクション『A3』、戦争責任、虐殺、親鸞、歎異抄十三条、吉本隆明、「組織とイデオロギー」、カルト、冤罪。――

森達也さんと礫川とでは、もちろん、日ごろ関心を抱いている問題は異なる。オウム真理教事件とその裁判についても、関わってきた姿勢や論じてきた角度は異なる。にもかかわらず、この対談は、意外に嚙み合ったのではないかと思う。ただし、森さんが、「嚙み合った」と思っておられるかどうかは、勇気がなくて、まだ確認していない。いずれにしても、この対談が「嚙み合った」ものになっているかどうか、有意義なものになっているかどうかは、この本を読んだ読者に判定していただくしかない。

こうした対談形式の本は、ポイントがつかみにくいと思われる読者がおられるかもしれない。そうおっしゃられる読者のために、本書のポイントをひとつ示しておきたい。それは、一三三ページにある、森さんの次の発言である。

《しかし麻原彰晃裁判が示すように、この社会はオウム真理教事件の正しい解釈を拒絶しました。とにかく異端な存在として排除し、抹殺し、嫌悪の対象としての枠組みに押し込めた。直視することを拒絶した。でも同時にまた、そうした対応が正しくないことも意識下で感知している。だからこそいまだに「オウムの闇」などの言葉を使いながら、後ろめたさを中和しようとしている。闇などないのです。強いて言えば、事件後の社会の側が不可視の領域を作り出した。そして謎とか闇などの言葉を消費しながら、その闇や謎を作りだした主体である自分たちか

『戦後ニッポン犯罪史』
（新装増補版、2015.9.10）

『A3』下巻
（集英社文庫、2012.12.14）

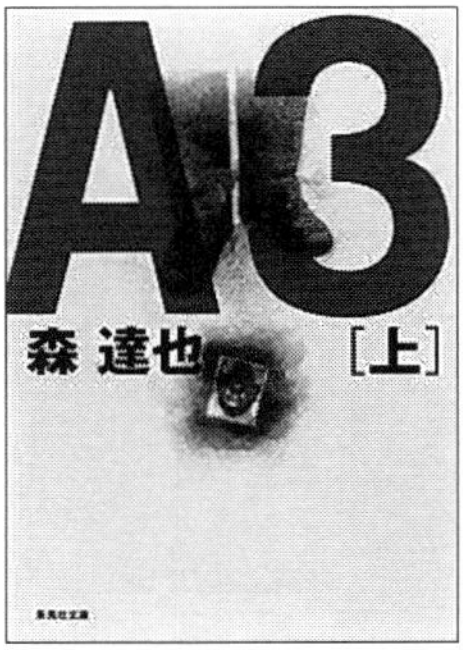

『A3』上巻
（集英社文庫、2012.12.14）

ら目を逸らし続けている。》

本書を校正しながら私は、ここに本書における最も重要なポイントがあると確信した。ここで森さんが指摘していることを念頭に置きながら読んでいただくと、話題が多方面に及んでいる本書の議論も、比較的、理解しやすくなるのではないかと思う。

末筆ながら、ご多忙の中、長時間の対談に、そして手間のかかる原稿校正に、ご協力いただいた森達也さんに、批評社のスタッフとともに、深謝申し上げます。

礫川全次

SERIES：事件と犯罪を読む

宗教弾圧と国家の変容

――オウム真理教事件の「罪と罰」

＊目次

Mori Tatsuya

Koishikawa Zenji

0 はじめに

――この対談を企画した理由について、若干述べさせていただきます。礫川全次さんの『戦後ニッポン犯罪史』は、二〇一四年に新装増補版が出ていますけれども、その増補部分にあたります補論「宗教と国家に関する犯罪論的視点」に、オウム真理教事件には国家による宗教弾圧の面が色濃くあるという指摘があります。

麻原彰晃の精神鑑定は、精神科医の秋元波留夫氏と西山詮《あきら》氏の鑑定が真逆だったにもかかわらず、裁判所は西山鑑定だけを採用し、責任能力ありと認定して死刑判決を下しました。これは礫川さんが言われるように、国家の意思がモロに露出した政治的判決であり、公判で事件の本質を解明しようというのではなく、初めに結論ありきの裁判ではなかったか、というように思います。

森さんが、ご著書『A3』(上下巻、集英社文庫、二〇一二)で具体的かつ正確に書かれている内容は、非常に説得力があります。国家というのは、宗教それ自体を裁くというよりは、宗教がからんだ事件を、一般の犯罪に結びつけるシナリオを通して宗教弾圧へと向かって行くものであるという構造が、如実に現れた裁判ではなかったかと思います。

はじめに結論ありきで、事実を捏造してまで、死刑判決という結論に持ち込もうとするということで、そうした「国家意思」について、森さんはどのようにお考えでしょうか。

また、ＤＶＤで森さんが監督された映画『Ａ』（一九九八年公開）を拝見しましたが、迫力のある映像に驚きます。

さらに、彼らが麻原彰晃のオウム真理教の何に惹かれたのか。その宗教理念について、森さんが理解されている範囲で結構ですから、お聞かせいただければと思います。

森●ひとつだけ補足します。今の発言の中に、「裁判所は西山鑑定だけを採用し」とありましたが、裁判所が依頼した精神科医は、そもそも西山さんだけです。秋元さん以外にも加賀乙彦さんとか野田正彰さんなど六人の精神科医が麻原彰晃に面会してそれぞれの鑑定所感を発表しましたが、これは弁護団が単独で依頼した鑑定です。つまり裁判所が精神鑑定をやろうとしないので、苦肉の策として弁護団が精神科医を選定して麻原彰晃に面会させ、そのうえで六人の見立てを文書にして裁判所に提出したのです。

もちろん六人が六人とも、きわめて深刻な精神状態である可能性が高いと診断したものだから、その後に裁判所は、やむなく西山詮さんという精神科医に依頼をする。だから、裁判所が西山鑑定を採用することは当然なのだけど、なぜ西山さんだけに依頼したのか、なぜその前に面会した六人の意見は無視したのかなど、そもそもの鑑定書の中身も含めて、いろいろ問題はありますけど。

礫川●鑑定書は、公開されたのですか。

森●弁護団は立ち合いの面会と鑑定書の公開を要求したけれど、裁判所は却下しました。代理人を立ちあわせない理由は不明だし、公開しないとの姿勢はもっとわからない。だから弁護団は、独自に記者会見をひらいて鑑定書の一部を公開しました。あまりに恣意的でアンフェアな鑑定であるとの論旨で。結果としてこれによって、その後の錯綜にまた発展してしまうわけですが。ちなみに僕は全文を読んでいます。

礫川●本質的な問題が、いくつか提起されたわけですが、これらについて、森さんにひとわたり語っていただきまして、話の大筋をつかんでゆきたいと思います。

そのあとは、いきなり本質論に入っていくというより、今まで森さんがお書きになってきた文章や撮影された映像に触れながら、周辺から中心へというように、問題の本質に迫っていったらと考えますが、こんな感じで進めてよろしいでしょうか。

1　死刑を待望する人々

礫川●私が最近読んで、「これは」と思ったのは、森さんの『「自分の子どもが殺されても同じことが言えるのか」と叫ぶ人に訊きたい――正義という共同幻想がもたらす本当の危機』（ダイヤモンド社、二〇一三）という本です。

この本に、かつて法曹界で、保守派、右派の論客として知られていた（今もそうだと思うんですが）土本武司という方が、絞首刑に反対しているということが紹介されていて、驚きました。

それで慌てて、土本武司氏の論文を探し出して、読んでみました。これは、「絞首刑の法的根拠と残

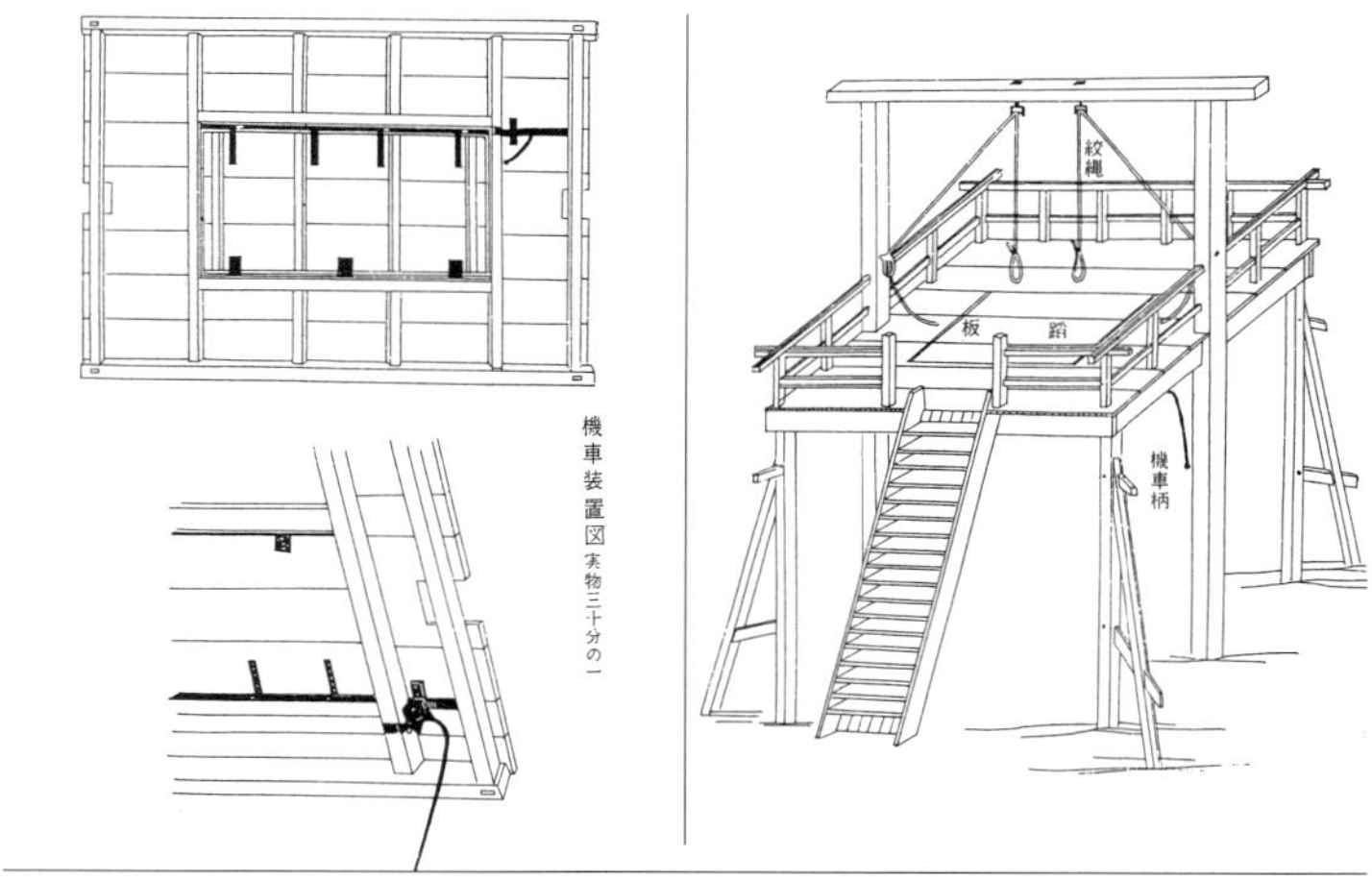

機車装置図　実物三十分の一

虐性」という論文で、『判例時報』（判例時報社）の二一四三号（二〇一二年五月）に載っています。

非常に周到に書かれた論文ですが、彼は絞首刑というのは、残虐なものであって、理念的に、あるいは感情論として許されないということは言っています。しかし、今日の日本における死刑執行が、法的にも手続的にも、適正さを欠いているということについては、ほとんど論じていないんです。

つまり、絞首刑については、明治初年にできた「絞罪器械図式」、明治六年太政官布告第六十五号[*1]、というものが、今日なお生きていて、これによらない限りは、手続き的に違法になります。土本氏は、法曹関係者であるにもかかわらず、その点を追及し

＊1　「絞罪器械別紙図式ノ通改正相成候間（以下略）」。その「別紙図式」を下に示す。礫川全次『戦後ニッポン犯罪史』（新装増補版、批評社、二〇一四年九月一〇日）一〇二ページ以下参照。

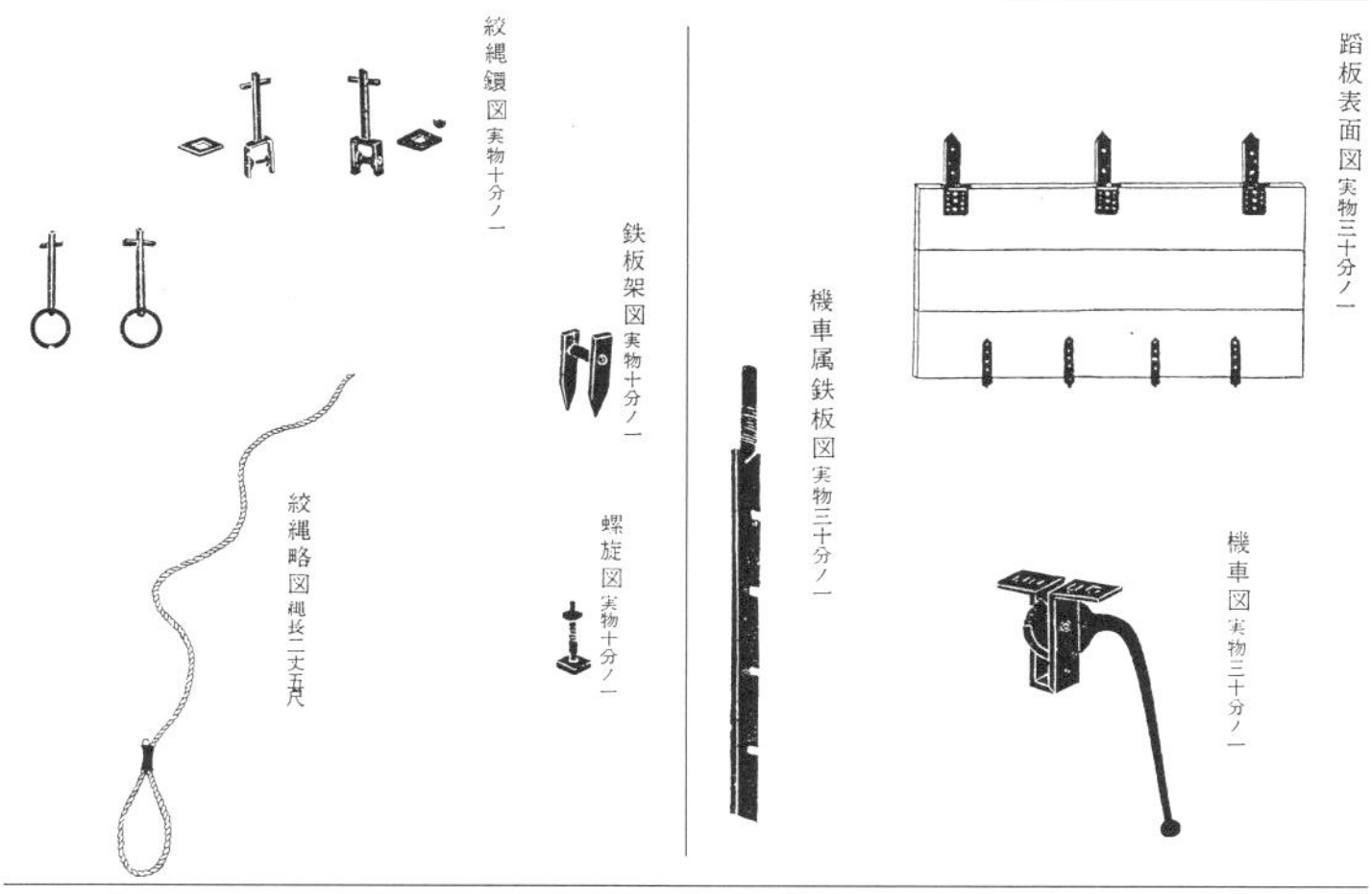

ていません。

今日、日本で採用されているのは、最新型の絞首刑執行方法です。部屋の床がパッと開いて、人間が地下に落ちるような形式になっていて、いわゆる「死刑台」ではありません。もちろん、「絞罪器械」とは、似ても似つかないものです。土本さんは、なぜ、このことを問題にしないのか。森さんは法学部のご出身とお聞きしていますので、まず、このあたりの話題からと思ったわけです。

森●二〇一一年に京都弁護士会の主催で、死刑制度をテーマにするシンポジウムがありました。*2 そこにパネラーとして呼ばれたのが、僕と土本さんと、元刑務官の坂本敏夫さんです。だから、図式としては、死刑反対の森と、死刑賛成の土本さんと、一応は中立というか実際に死刑執行の現場を見ている坂本さんという、そういうバランスをとったのかなと思っていたら、始まってすぐに土本さんが、日本の絞首刑は極めて残虐であると発言します。

伏線はありました。このシンポジウムの少し前、大阪市此花区のパチンコ店放火事件の一審公判に弁護側の証人として出廷した土本さんは、「絞首刑は憲法が禁じる『残虐な刑罰』に限りなく近いと思う」などと証言しています。

ちょうどこの時期に受けたと思われる土本さんのインタビューを読むと、検事時代に処刑に立ち会っているらしい。それが相当に凄惨な体験だったようです。でも現役時代はそうした発言ができない。だからこの時期のこれらの発言には、確かに唐突な感じを受けるけれど、土本さん自身はずっと煩悶していたのかもしれません。

確かに磔川さんがご指摘のとおり、太政官布告以降、処刑方法を定めた法律は更新されていません。でも実質的には処刑の方法は大きく変わっています。ならばこれを法律違反であると指摘することはもちろん可能だし、重要な視点だと思います。同時に憲法は残虐な刑罰を禁じているのに、実際に立ち会った土本さんは残虐で正視に耐えないものであると主張している。一九四八年に最高裁は「死刑は憲法違反ではない」との判断を示しましたが、それからもう半世紀以上すぎているのだから、再び議論すべきだと思います。実際に最高裁の判決文には、残虐の定義は時代と共に変わるから後の時代には違憲と判断される可能性があるとの補充意見が添えられています。

でも残虐の定義は簡単ではありません。実際には身体が落下したときに首が切断されることがあるらしい。だから今の処刑方法は残虐だと主張する人がいるけれど、でも吊るされてすぐに絶命しないことは確からしいので、一気に首が切断されるほうが死刑囚にとっては楽なはずです。フランスでギロチンが考案されたとき、「歴史において最も人道的な処刑器具」がキャッチフレー

＊2　二〇一一年一一月二七日に、京都市で開催された第四一回「憲法と人権を考える集い」。テーマ「『死刑』いま、命にどう向き合うか」。その第二部が、森達也、土本武司、坂本敏夫の三氏によるパネルディスカッション。テーマ「わたしたちは、『死刑』にどう向き合うか」。

ズでした。つまり誰にとって残酷なのかを考えなければならない。その場合の主体は言うまでもなく殺される人です。その様子を想像する人や刑務官たちではない。

土本さんの場合は立場もあるでしょうし、これまでの自分の実績もあるでしょうから、そう簡単に、死刑はやめましょうなんてことは言えないということなのかな。実はいろいろ思い悩んでいる。僕はそういう気がしました。

礫川●その京都のシンポジウムでは、特にオウム真理教事件のことは、話題になっていませんか。

森●特にオウム真理教事件は、話題にならなかったと記憶しています。

礫川●最近、『暗黒街のふたり』という映画を見ました。アラン・ドロンとジャン・ギャバンが出るフランス映画で、ジョセ・ジョヴァーニ監督の作品です。

タイトルから、ギャング映画なのかと思っていましたが、そうではありませんでした。アラン・ドロンのほうは、銀行強盗の前科があって、刑務所にはいっていましたが、出所します。しかし、出所後も、彼につきまとっていた刑事を殺してしまいます。

ジャン・ギャバンのほうは、出所者の更生を担当する、日本でいえば保護司のような役で、出てきます。出所後のアラン・ドロンを、いろいろな形で支えてきましたが、彼が殺人事件を犯すのを防ぐことはできませんでした。

この映画、最後に、アラン・ドロンの首が、ギロチンで飛ぶところで終わるんですけども、要するに、ギロチン反対、死刑反対の映画だったということは、そのラストシーンを見て、初めてわかりました。

映画の冒頭は、ジャン・ギャバンが歩いて刑務所に向かうシーンですが、そこに彼のナレーションがかぶります。「フランスの刑務所ではまだ、死刑の執行にギロチンが使われる。小型の移動式のが執行地に運ばれるのだ」と。

それで、最後がまた、ギロチンのシーンです。この描写が非常に具体的です。アラン・ドロンは、小さな椅子に座らされ、両脚は細い紐で椅子に固定されます。手も後ろ手に縛られます。ワイシャツの襟の部分が、大きなハサミで切りとられたあと、ワイシャツは、両肩がムキ出しになるように、下に引き下げられます。この状態で、頭を前に突き出し、木枠で首が固定されます。と思ったら、まさに間髪を容れず、巨大な刃が落ちてきました。

森●フランスが死刑廃止したのはミッテランの時代です。一九八一年。ヨーロッパでは最も遅い。

礫川●この映画は、一九七三年に公開された映画ですから、ギロチン廃止前です。恐らくアラン・ドロンが扮した死刑囚にはモデルがあって、映画よりも何年か前に、ギロチンで執行されたということがあったのでしょう。ちなみに、フランスで、ギロチンによる最後の死刑が執行されたのは、一九七七年九月一〇日だったそうです。

フランスでは、こういった死刑廃止を訴える映画が作られていて、その後、実際に死刑が廃止になったわけですが、一方、日本では、死刑そのものを凝視するというか、死刑制度を批判する映画というのが、あまり作られていないのではないかということを、ちょっと思ったんですが、森さん、いかがですか。

森●ドラマということであれば、日本でも二〇〇八年に、門井肇監督が『休暇』という映画を発表しています。死刑執行に立ち会う刑務官の苦悩がテーマです。高橋伴明監督の『BOX』は袴田事件の映画です。東海テレビの斉藤潤一が監督した『約束 名張毒ぶどう酒事件』は奥西優死刑囚の冤罪を訴えました。他には何といっても、大島渚監督の『絞死刑』（一九六八）ですね。

礫川●これは、学生時代に見ているはずです。今、ストーリーなどが思い出せませんが。

森●死刑執行そのものをスラップスティックなコメディのように描きながら、国家の冷酷さや制度の不条理さを訴える作品です。ドキュメンタリー映画の分野では、免田栄《めんださかえ》さんを描いた『免田栄　獄中の生』（小池征人、一九九三）とか、いくつかはありますが、執行の状況が撮れないですから、なかなかメインテーマとしては難しいかもしれない。いずれにしても今、死刑を存置している国としては、もう少し劇映画が作られてもいいと思います。確かに多いとは言えないですね。

礫川●土本さん、森さんが一緒に臨まれたシンポでは、死刑制度は必要だ、絞首刑も当然だ、何ら非合法性はない、といった意見を述べる人はいませんでしたか。

森●客席からの罵声はありました。僕らのシンポジウムの前の第一部[*3]で、高校生たちが死刑について調査結果を発表したんです。執行に立ち会った元刑務官や冤罪死刑囚だった免田さん、あるいは犯罪の被害者遺族や加害者家族などに会ったり、実際に拘置所に行ってみたり、高校生たちはフィールドワークとしていろいろ体験した。それまでの彼らにとって、死刑は全くのブラックボックスです。でもいろいろ取材する過程で、概念でしかなかった死刑が立体的になってきます。もちろん、リアルタイムで死刑執行を見たわけじゃないけれど、死刑に接した人から間接的に話を聞くことで、死刑制度とは誰のためにあるのか、必要な制度なのだろうか、などの疑問が湧いてきたようです。

かつて彼らの大半は、死刑はあって当然だと考えていた。でも今は簡単に結論を出せなくなった。ただしまだ揺れています。とにかくこれからも考え続けます。そんなレポートを発表し終えたその瞬間、客席から「被害者の人権はどうするんだ！」と罵声が飛びました。

礫川●高校生たちはどうしました？

森●硬直していました。怒鳴られて泣いている女子高校生もいたようです。そのあとに第二部のシンポジウムになって土本武司さんが、絞首刑は残虐すぎると発言をしたときに、明らかに、何ていうのかな、足音荒く退場する人たちが何人かいましたが、年配の方でしたね。おそらくは「異議あり」の意思表示だったんだろうなと思います。

＊3　第四一回「憲法と人権を考える集い」の第一部は、高校生からの調査報告「わたしたちが感じた被告人・被害者それぞれの命」。

2 ネット・メディア・権力

礫川●今の大阪市長で、維新の党の代表でもある橋下徹《はしもと》氏ですが、弁護士の彼が政治家をこころざしたキッカケは、光市母子殺害事件[*4]にからんだ弁護団懲戒請求事件だったと思います。

橋下氏は、二〇〇七年のテレビ番組で、「なぜ犯人を死刑にできないのか」ということを訴え、視聴者に向かって、死刑に反対している安田好弘《よしひろ》弁護士ら被告弁護団に対する懲戒請求を呼びかけました。この懲戒請求の呼びかけに対しては、実際に、全国で三九〇〇件を超える懲戒請求が提出されたと言います。ちなみに、この安田好弘弁護士は、オウム真理教事件で、麻原彰晃の弁護にあたっていた人です。

このように橋下氏は、マスメディアを使うという形で、被告あるいは弁護団に対する、草の根的な憎悪感情を煽ったわけです。橋本氏は、この一件で、草の根的な世論をリードしてゆく自信のようなものをつかんだのではないでしょうか。そういう意味では、この懲戒請求呼びかけ事件は、政治家・橋下徹を生みだしてゆく、ひとつのキッカケになったと思います。

「犯人を死刑にしろ」という草の根的な世論が形成される。弁護士が被告を弁護するという当然の活動に対して罵声が浴びせられる。しかも、そうした憎悪感情を煽っているのが弁護士であり、また、みずからも差別された体験を持つ人物だったというのは、きわめて重大な事態だったと思うんですが、このあたり、森さんは、どうお考えですか。

森●橋下さんは「なぜ犯人を死刑にできないのか」とは言ってなかったと思います。ただ、弁護団が品位に欠けるから懲戒請求せよとは言いました。そしてその発言が社会から大きく支持された。

地下鉄サリン事件が起きた一九九五年は、インターネット元年とも言われています。ウィンドウズ95発売の年なんです。阪神・淡路大震災の年でもあった。

震災とサリン事件、言い換えれば究極の規模である天災と人災によって刺激された社会の不安や恐怖が、既成メディアに加えてインターネットも媒介にしながら増殖し、日本社会を内側から変えていった。すごく要約してしまうと、そういう見立てができると思っています。どのように変えたかを一言で言えば集団化です。圧倒的な不安と恐怖に襲われて、一人が怖くなったわけです。だから仲間を探す。探して連帯したくなる。3・11の後の流行語大賞は「絆」だったことを

＊4　光市母子殺害事件は、一九九九年に山口県光市で発生した強姦致死・殺人・窃盗事件。当時、一八歳だった少年により主婦が殺害され、生後一一か月の乳児も殺害された。二〇一二年に、死刑が確定したが、再審請求がおこなわれている。

思いだしてください。不安や恐怖が高まると人は群れたくなる。それがネット上では、きわめて疑似的なのだけど、仮想の多数派として実現できる。

多数派であることを実感するための手早い方法は、まずは自分たちとは違う少数派を見つけることです。見つけてこれを罵倒したい。排除したい。湧きあがるそんな集合無意識的な衝動がネットを発見します。特にシンボリックな存在の匿名掲示板は、長く書いたら誰も読んでくれない。だから短い言葉で少数派を罵倒するスタイルが定着する。具体的には「死ね」と「非国民」とか。そういった現象が、特にオウム以降、どんどん増殖しました。

短い言葉での罵倒は、「右」的な心象と相性がいいんです。なぜなら「左」はやっぱりレトリックでありロジックが基盤です。短い言葉は向いてない。右は情念です。だからロジックは要らない。むしろロジックを憎む。つまり反知性です。

ただしオウム以降に発動した右は、決して民族主義や国家主義に基盤を置く右ではなく、集団として振舞いたいとする疑似的右であり疑似的保守です。こうしてネットの中で圧倒的優位に立った疑似右派的な言説が、既成メディアを媒介に再び社会に還流する。だから更に集団化が加速する。群れですから同調圧力が働きます。同じ動きをしないものにはバッシングを浴びせる。いわゆる自己責任論はそこから派生します。みんなが自粛しているのに勝手に動いたから責任を取らせろとの論理ですね。昨年起きた朝日新聞に対する常軌を逸したバッシングも、まさしくそうしたメカニズムが背景に働いています。

磯川●本当にそうですね。かつてはリベラルな世界の砦であった新聞が、朝日新聞、東京新聞や日刊ゲンダイ、あるいは沖縄タイムス、琉球新報などの地方紙を除いては、この間、右派的な方向というのか、罵詈雑言的な方向に、一挙に傾いていったという感があります。

森●沖縄タイムスや琉球新報以外にも、多くの地方紙はかなりリベラルな位置で踏みとどまっています。まあ左派メディアがあるならば、右派メディアも当然あっていい。でも朝日新聞バッシングの際にメディアが使った言葉は、これはまさしくネット言語なのだけど、「売国」や「国益を害した」などでした。

メディアは何のために存在するのか。最大の目的は、国家権力の監視です。権力は必ず肥大する。そして腐敗する。アメリカ第三代大統領であるトマス・ジェファーソンが言ったように、だからこそメディアが必要です。そのメディアが、「国益を損なった」という理由で他のメディアを攻撃する。国会に朝日新聞の役員を喚問せよと主張した雑誌もありました。批判は必要です。でもこれは批判ではない。倒錯のレベルでもない。極めて異常な事態です。メディアの重要な任務を完全に忘れている。

磯川●若干、本題から離れるかもしれませんが、一九三五年(昭和一〇)一二月に、「第二次大本教事件」というのがあって、出口王仁三郎《おにさぶろう》の大本教[*5]が弾圧されます。そして、その翌年の一九三六

＊5　戦前における神道系の新興宗教団体。開祖は出口ナオ。この当時の正式名称は「皇道大本」。

大本教の聖師・出口王仁三郎。
1928年、北海道天塩支部にて。
『伝統と現代』No.15より。1969.10、学燈社。

ひとのみち教団の幹部。右から橋本郷見准祖、湯浅真生准祖、御木徳一教祖、赤木顕次准祖。(1936年2月20日)

年(昭和一一)九月に、ひとのみち教団[*6]の弾圧が始まります。この間、約一〇か月のタイムラグがあったわけです。

大本教が弾圧されたときに、ひとのみち教団は何と言っていたか。うちの教団は大本教のような「邪宗」ではないと、こう言った。ところが、その一〇か月後には、自分たちもまた「邪宗」として弾圧されてしまいます。

大本教の弾圧の前には、同教団に対して、全メディアが攻撃するという事態が起きていました。そうした中で、国家権力は、やすやすと宗教弾圧をおこなうわけです。大本教が弾圧されたあとは、ひとのみち教団が、全メディアのターゲットにされて、攻撃されるという事態が起きていたわけです。

そんな中で、うちは邪宗ではないという言い方をしても、何の意味もない。邪宗であるかどうかは、メディアが勝手に判断する。その上で、世論に働きかけてバッシングを誘導する。その世論に乗った形で、国家権力による宗教弾圧がおこなわれるという構図です。

しかも、軍国主義がさらに強まれば、「邪宗」を叩くことで国家権力の片棒を担いでいたメディアが、今度は、自分が国家権力から叩かれ、結局、国家権力の走狗になりさがる。

森さんから、朝日新聞が多くのメディアから攻撃されたというご指摘がありましたが、今日のこうした事態は、戦前において、大本教やひとのみち教団に対して、全メディアから「邪宗」攻撃がなされた事態と、よく似ているのではないか。だとすれば、これはきわめて危険な動向だという気がしまして、一言、補足しました。

森●吉田氏の証言を前提に置いた慰安婦問題の記事は、朝日新聞だけではなく産経新聞も読売新聞も書いています。書かなくなった時期もそれほど大差はない。朝日が吉田証言を肯定的に取り上げた記事は、一九九四年の創刊一二五周年記念特集を別にすれば、一九九二年八月一三日付の朝刊が最後です。でも産経新聞はその翌年である一九九三年九月一日の紙面で、『加害　終わらぬ謝

＊6　戦前における神道系の新興宗教団体。初代教祖は御木徳一《みきとくはる》。この当時の正式名称は「扶桑教ひとのみち教団」。

罪行脚』の見出しを掲げながら、吉田氏が元慰安婦に謝罪している写真を掲載しています。そこでは「信憑性に疑問をとなえる声があがり始めた」と書きながらも、「被害証言がなくとも、それで強制連行がなかったともいえない。吉田さんが、証言者として重要なかぎを握っていることは確かだ」と報じています。この連載は「第一回坂田記念ジャーナリズム賞」を受賞して、その後に『人権考――心開くとき』（一九九四）というタイトルで書籍化されています。そのことについて、産経新聞は、一切触れません。

確かに記事の総数は朝日新聞がいちばん多い。でも結局はすべてのメディアがかつては間違えたわけです。うちは記事の数が少ないからと記事の数が多い新聞を叩く。少し早めに記事の掲載をやめたからとの理由で朝日新聞を国賊と罵倒する。とても倒錯しています。

礫川●今、森さんがおっしゃったことは、あまり知られてないことではないんですか。

森●二〇一四年八月の朝日新聞の検証記事では、薄くではあるけれど触れています。けれども検証記事を読んだ人の反応の多くは、他紙を批判して朝日新聞は見苦しいというものでした。要するに罵倒が先行してちゃんと読んでいない。

僕は大学でも教えていますが、朝日新聞はけしからんとか言っている学生たちも、検証記事をほとんど読んでいません。ネットニュースの見出しであったり電車の中吊り広告であったり、つまり短い罵倒のフレーズですが、そういったものしか読んでないわけです。ですから、この事実を認識している人は少ないと思います。産経新聞や読売新聞の記者も、おそらく覚えていないのでしょうね。そうとしか思えない。

磯川●メディアが権力に結びつく、あるいはメディアが世論を誘導するといった構図は、戦前・戦中と今日とを比較して、まったく変わっていませんね。まったく、これには唖然とさせられます。

要するに、戦前・戦中のメディアの動向について、敗戦後から今日まで、しっかりとした総括がなされてこなかったということでしょう。もちろん、朝日新聞も含めてですが。

今回の朝日新聞バッシングの中心になったのは、産経新聞と正論、読売新聞、あとは、週刊文春、週刊新潮、WiLLといった出版社系の週刊誌、月刊誌ですね。

森●ここでイズムや思想を持ち出すと本質を見誤る。結局のところは市場原理です。今回の朝日バッシングだけではなく普段の報道にしても、そのメカニズムは同じです。学生からはよく、同じ事件や現象を伝えるとき、なぜ朝日新聞と産経新聞はこれほどに違うのかと質問されます。どちらが嘘をついているのですかと。

嘘ではない。視点が違うだけです。日本の新聞は宅配ですから、朝日新聞には朝日新聞の読者がいるわけですね。彼らの多くはどちらかといえばリベラルで、自民党に対しては批判的だし原発再稼働については慎重です。毎日新聞や東京新聞も近いスタンスです。そして産経新聞や読売新聞の読者の多くは、自民党を支持しながら原発は再稼働すべきと考えていて、憲法は変えるべきとのスタンスの人が多い。もちろん新聞によってそういう意識を持ったとの見方もできるけれど、そういう意識を持った人がそれぞれの新聞を選択したとの見方もできます。こうしてそれぞれの新聞は、市場が求める視点で記事を作ります。コップは下から見れば円だけど横から見たら長方形です。そして事件や現象の形はコップよりもはるかに複雑です。つまり視点が違えば光景はまったく変わる。これが各メディアの個性になる。

新聞だけじゃないですよね。例えば週刊文春や週刊新潮であれば、それを買っている人は、より週刊文春、週刊新潮らしい記事を求めます。週刊金曜日や岩波書店の世界も同様です。意地の悪い言葉を使えば市場へのポピュリズムです。

活字媒体に比べれば、テレビは横並びです。個性があまりない。総務省が監督官庁であることや電波を国家から借りていることから、あまり偏った意見を出せないという事情はあります。でも何よりも大きいのは、リモコンで簡単にチャンネルを変えられるからだと思います。だから特定の市場が形成されないんです。観るのは必ずＴＢＳだけとか、逆に日本テレビだけは絶対に観ないとか、そういう人はまずいませんから。

新聞紙面は有限です。複雑な形のすべてを報道することはできないから、視点を選定しなければならない。だからこそ朝日新聞は、従軍慰安婦問題であったり、福島第一原発の吉田調書の問題、あるいは南京虐殺問題などの記事を、読者が求める形に加工するわけです。もちろん毎日新聞も産経新聞も読売新聞も、週刊文春も週刊新潮もＮｅｗｓｗｅｅｋも、それぞれ読者のニーズに沿いながら、あらゆる記事を剪定《せんてい》しながら加工するわけです。

その結果として朝日新聞は、従軍慰安婦についての記事が多くなった。それを叩くメディアも、結局はマーケットに媚びている。その意味ではどっちもどっちです。少なくとも片方が片方を「国賊」とか「売国」などと罵る状況は異常です。テレビの場合はイズムや思想で選別ができないから、もっと本能的な部分を刺激するように加工します。つまりスキャンダラスで刺激的な報道です。

メディアの市場原理は戦前も同じです。日露戦争の際に徹底して反戦を訴えていた万朝報《よろずちょうほう》*7の変節は象徴的です。

盧溝橋事件や満州事変の時期には軍部に対して批判的だった大阪朝日新聞や東京日日新聞が、やがて翼賛報道に変わってしまう背景にも、部数競争という市場原理が働いていました。

資本主義経済においてメディアが市場原理にとらわれてしまう状況は世界共通です。でも日本はその度合いが強い。なぜなら個の論理よりも組織の論理が強いからです。この場合の個はジャーナリズム精神であり、組織は新聞社やテレビ局などの企業です。つまりジャーナリズムの意識が企業の論理に回収されてしまう傾向が強い。

戦争だけではなく宗教弾圧も含めて、メディアの責任は大きい。でもメディアの市場原理における主体は、結局はこの社会の側の問題なのです。メディアだけを責めても仕方がないと僕は思

＊7　『万朝報』は、明治中期に黒岩涙香《るいこう》が創刊した日刊新聞。日露戦争開戦時には、非戦論を唱えていたが、途中から主戦論に転じた。これを機に、幸徳秋水、堺利彦、内村鑑三が退社した。

っています。

磯川●私は、アベノミクスというのは、いずれ破綻すると予想していますが、そうすると、安倍首相に対するバッシングが起きてくる可能性がある。特に、財界あたりから、そういった声が出てきた場合には、メディアも巧みに論調を変えてゆくでしょう。この場合、先陣を切るのは、おそらく日本経済新聞。まさに、森さんのいう市場原理ですね。

それから、今、万朝報の話が出ましたが、この新聞は、明治期に「蓮門教《れんもんきょう》」という宗教を攻撃したことで知られています。蓮門教は、明治初期に島村みつという女性が始めた新興宗教で、一時は、信徒一〇〇万を擁したとも言われます。これが、万朝報による「淫祀邪教」キャンペーンによって、壊滅に追い込まれていったわけです。

こうした邪教批判は、万朝報の意図はともかくとして、当時の明治政府がとっていた国策あるいは宗教政策に沿うものでした。だからこそ、万朝報によるキャンペーンが許されたし、実際に効果を発揮できたわけです。

国家、メディア、宗教という三者の相関関係は、昭和初年の大本教事件、ひとのみち事件で見られましたし、近年のオウム真理教事件でも見られたわけですが、そうした相関関係を考える際に、この万朝報による蓮門教攻撃も、重要な事例のひとつだと思います。なお、蓮門教については、法政大学の奥武則《たけのり》さんに、『蓮門教衰亡史』（現代企画室、一九八八）という類書のない好著があります。

3 転ばせ公妨と不当逮捕

――これから、オウム真理教事件を対象にしながら、対談を続けていきたいと思います。最初にも申し上げましたが、DVDで『A』を観まして、迫力ある映像に驚きました。

森さんが、荒木浩さんに密着取材された映像なんですが、衝撃を受けたのは、私服の公安警察官に職務質問されたオウム信者の方が、オウムの施設から出てきたときに、名前を言わないというだけで、通行を妨害され、路上に転倒させられた映像です。

公安警察官は、明らかに人権侵害であるにも拘わらず、「公務執行妨害」でいきなり逮捕・拘束してしまいました。その映像を弁護士が検察官に見せたことで、危うく難を逃れましたが、実に恐ろしい光景でした。日本の刑事警察権力の本質が如実に現れた映像で、特定秘密保護法が施行されれば、こうした光景が日常的になると思われますので、貴重な映像でした。

また、これは今回のテーマとは直接関係がありませんので余談になりますが、裁判員裁判制度は、死刑判決を温存助長するようにしか機能しておらず、世界的な死刑廃止の方向に逆行しているかのようにも思えます。この、裁判員裁判制度の問題点について、ご意見がありましたら、お聞かせいただきたいと思います。

森●まず、『A』の不当逮捕のシーンですけれど、団塊世代や全共闘世代なら、きっとなじみのある「転び公妨」*8だとよく言われます。

ターゲットの前で警官がわざと転び、ターゲットを公務執行妨害で逮捕するという手法が転び公妨です。でも『A』における不当逮捕の場合は、ターゲットに対して明らかに危害を加えています。だから、あえて言えば、転ばせ公妨です。

さらに、かつての転び公妨は暗がりでやりました。だって違法行為です。白昼に人前でできることではない。ところが『A』のときは、白昼の国道で、しかも周りに群衆が何十人もいる状況で、不当な逮捕をやるわけです。なぜそれができたかを考えることが重要です。

あのとき警察は、撮影する僕を制止していません。それも不思議に思ってほしい。カメラがそばで撮っていることを知りながら、なぜ不当逮捕に踏み切ったのか。最後は足払い的な技*9を使いながら、喉に肘を押し当てて自分の体重もかけながら、道路に信者の後頭部を強打させている。その前に一瞬だけ、警察官は僕のほうを見ています。つまり撮影されていることを認識したうえでやっている。

撮影後しばらくは、警察がカメラの前で堂々と違法行為をした理由がわかりませんでした。でも公開後にわかります。上映後に館内から出てきた数人の男性が、「あんなシーンならおれたちも撮ったぞ」などと言い合いながら帰って行ったんです。たまたま僕はロビーにいました。だから後を追いかけて訊いてみました。あなたたちは誰ですかって（笑）。

礫川●何と答えましたか？

森●ＴＢＳの報道スタッフでした。

礫川●うーん。

森●このときはＴＢＳだったけれど、他の局も同じです。あの程度の違法逮捕なら、多くのメディアは知っていたし、目撃もしていました。図書館で借りた本の返却期限が遅れて逮捕された信者がいました。あるいは他人のマンションの敷地、それも駐車場に侵入したという理由で逮捕するとか、そうした別件・微罪逮捕が当たり前のように行われていて、それが普通に記事として新聞に出ていました。

礫川●そうした報道に接しながら、誰も違和感を持たなくなっていた。

森●とにかくオウムと名がつくだけで、すべて問答無用で検挙せよという時代でした。だから警

＊8　警察官が、逮捕したい相手に近づきながら、わざと転び、これによって相手を「公務執行妨害」で逮捕する手法を指す言葉。

＊9　森達也さんは、格闘技に詳しいので、「技」の観察は正確である。ちなみに、森さんには、『悪役レスラーは笑う』（岩波新書、二〇〇五）という著書がある（礫川）。

察はメディアをなめていたのだと思います。相手がオウムなら何をやってもメディアは批判しないと。つまりメディアの監視機能が働かなかった。ならば権力は暴走します。だからあのシーンを撮影しているとき、おそらくあの警察官は、僕をテレビのカメラマンだと思ったのでしょう。ならば報道しない。そう考えたとしか思えない。もちろん警察のこの不当な逮捕は論外ですけど、同時に、メディアがしっかりと機能しなかったからこそ、警察があのような暴挙を行ってしまったという意識を持ったほうがいいと思います。

麻原オウム真理教とサリン殺人
第3部
現地取材
実行部隊はすでに消された―という情報が
「サリン無差別殺人」を教唆した!?
ロシア秘密組織の正体
実行犯の背後に外国の組織が
当局もマークするKGB出身者

『週刊現代』（1995.4.15）

4　オウム事件と謀略論

礫川●あの「転ばせ公妨」をやったのは、公安部の警察官ですよね。それで連想したのが、一九九五年三月三〇日に起きた國松孝次《たかじ》警察庁長官狙撃事件です。この事件の捜査は、警視庁公安部が担当したわけです、刑事部ではなくて。結局、公安部は、事件を立件できず、二〇一〇年三月に、時効を迎えることになりました。

その時に公安部は、事件は立件できなかったが、オウム真理教の犯行であることは間違いないと、こういうムチャクチャなコメントを発表するわけです。

森●時効の記者会見のときですね。

礫川●そうです。國松長官狙撃事件は、二〇一〇年三月三〇日に時効を迎えたわけですが、この日に、警視庁公安部の青木五郎部長が記者会見をおこなって、一五年前の同日に発生した警察庁長官狙撃事件は、「本日、午前0時をもって」時効を迎えたと発表しました。

しかも青木部長は、そのあとに、こう述べたのです。

「これまでの捜査結果から、この事件はオウム真理教の信者グループが教祖の意志のもとに、組織的・計画的に敢行したテロであったと認めました。しかし、犯行の個々の関与者やそれぞれが果たした役割について、刑事責任の追及に足る証拠をもって特定・解明するにはいたりませんでした」。

質疑応答の部では、記者との間に、次のようなヤリトリがあったと言います。

問　今回、オウム真理教による組織的犯行と断定するだけの証拠があるといえるのか
答　報告書に記載の通りです
問　死刑判決を受けた教団幹部が、銃撃事件に限って関与を否定したり、麻原（彰晃死刑囚、本名・松本智津夫）が銃撃事件を速報するテレビのテロップを見て驚き、「上前をはねるようなのがいるのか」と話しているのを教団幹部が聞くなど、捜査結果と矛盾するような状況も出てきている
答　犯行主体の判断の根拠となった捜査結果について私どもの評価を記載した――

要するに、オウム真理教の犯罪に違いないという「見込捜査」をおこなったが、結果が得られなかった。しかし、この「見込」そのものは誤っていなかったと強弁しているんですね。

自分で立件できなかったのに、しかも、オウム真理教徒の犯行だと主張する。見込捜査が失敗したことに対する反省もなければ、「見込捜査」体質に対する自省もありません。これは、捜査能力以前の、組織の問題、モラルの問題だと思います。いったい、日本の公安警察というのは、どういう組織なのだろうかと考えてしまいました。

ここまでレベルが低下した警察に、オウム真理教事件のような重大事件の捜査を任せておいたら、永遠に真相は解明できないでしょう。ことによると、日本の警察は、この事件の「真相」は解明すべきではないと考えているのか、などと憶測してしまいました。

ちなみに、指名手配中だった平田信《まこと》容疑者が出頭したのは、この時効記者会見から一年以上たった二〇一一年一二月三一日のことでした。平田信容疑者は、出頭の理由のひとつとして、警察庁長官狙撃事件の時効を挙げていました。時効になった以上、この事件に関しては自分が罪をかぶせられる可能性はなくなったと判断したのでしょう。[*10] つまり、公安警察の「見込捜査」体質

＊10　警察庁長官を狙撃したのは、おそらくオウム関係者ではあるまい。この事件の真犯人は、二〇〇七年に、みずからが犯人だと名乗り出ていた老スナイパーNとその協力者であろう。計画を立案し、拳銃や銃弾を用意し、下見などの準備をおこなったのは、老スナイパーNであろう。Nは、狙撃したのは自分だと主張しているが、彼は老齢の上に短身であって、目撃証言と合わない。実際に狙撃をおこなったのは、協力者のほうだったのではないだろうか。その協力者は、Nが同志と呼んでいた氏名不詳の日本人、あるいは、この犯行のためにNに雇われた外国人スナイパーであったと推理する（礫川）。

が、平田信容疑者の逃亡を長引かせていたという捉え方もできるわけです。

こうした公安警察の体質について、森さんは、どのように考えておられますか。

森● 一九九五年の地下鉄サリン事件のときに公安調査庁の職員で、その後に退職した方がいます。彼から直接聞いた話ですけれど、地下鉄サリン事件が起きた三月二〇日、公安調査庁の庁内では万歳三唱に近い雰囲気があったそうです。実際に万歳したと彼は言いましたけど。

冷戦構造や学生運動が激しかった時代には、それなりの存在理由があったとしても、地下鉄サリン事件が起きる前の公安調査庁は、リストラ寸前の組織でした。だからこそ地下鉄サリン事件は、彼らにとって起死回生の事件になった。それは、その後の公安調査庁を見ればよくわかります。オウム真理教への破防法を強引に成立させようとして、それが叶わなければ今度は団体規制法という裏技を考案して、その期限終了が近づけば更新のために必死にアレフとひかりの輪の危機を煽る。

問題は、メディアがほぼ検証なしに公安調査庁のリリースを報道することですね。例えば公安調査庁は、アレフやひかりの輪の信者がこれほど増えたなどと具体的な数をあげながら危機を煽りますが、入会した信者数は発表しても脱会した信者数は発表しない。増えて当たり前。実際には微減しています。公安調査庁だけではなくて警察権力にとっても、国民の不安や恐怖を大きく喚起した地下鉄サリン事件は、権益を増大させる大きなターニングポイントになりました。

対テロを理由に監視国家的な雰囲気が強まれば、治安権力の予算や人員の増大が正当化されます。さらには警察官の天下りです。例えば監視カメラ業界。メーカーや団体などがたくさんできる。あるいは、防犯グッズ関連やセキュリティー関連の企業。

メディアも同様です。テロを見出しに使いながら不安や恐怖を煽れば、部数は伸びるし視聴率も上がります。そうした傾向が、一九九五年以降に加速します。その帰結として現在があります。

礫川●今、地下鉄サリン事件が起きたときに、公安調査庁が万歳を叫んだという話を聞きまして、私は別の妄想を抱きました。つまり、オウム真理教団がサリンを持っているだろうということは、疑われてはいたけども、ハッキリしなかった。ところが、地下鉄サリン事件が起きたことで、「ついにやったか、これでようやく教団に踏み込める、関係者を逮捕できる」という安堵感が広がったのではないでしょうか。

それから、これはさらに妄想的というか謀略論的になるんですが、公安の側としては、オウム真

『週刊現代』（1995.5.27）

理教がいずれ、地下鉄サリン事件のような事件を起こすであろうと予想しながら、あえて制止せずに暴走させたという解釈です。つまり、暴走させた上で叩くという。

二・二六事件（一九三六）についても、あえて「皇道派」に暴走させておいて、それを叩く形で、「統制派」が主導権を握ったのだというカウンタークーデター説がありますが、その類推です。

森●うーん。まあでも確かに事件直後から、そういう噂は囁かれていましたね。地下鉄サリン事件のときには、公安調査庁の人間がずっとサリン散布の実行犯を尾行していたとか。

あるいは、初期の報道を見ると、どこの新聞だったか、車両の中の現場写真が掲載されていますが、濡れた新聞紙で包まれた弁当箱のような小さな箱が有害なガスを発生したなどの記事があります。実際にその箱の写真が掲載されていました。情報が錯綜していたとは思うけれど、あの弁当箱は何だったのか、今も気になります。

礫川さんもお書きになって僕も『A3』にも書いたエピソードですが、地下鉄サリン事件の直前に、防毒マスクのメーカーの株価が異様な上昇を示しています。事件後ならともかく、なぜ事件前に上がるのか。そういったことも含めて考えると、警察の側が何らかの情報を持っていたことは確かでしょうね。ただ、そうした情報の真偽が本丸に踏み込むところまでは確定できなかったのか、あるいは何らかの思惑があって泳がせていたのか、そのあたりは僕もわからない。情報があまりに少なすぎる。あそこまでの惨事になるとは予想していなかったという可能性もありますね。

アメリカ同時多発テロの際にも、あれはブッシュ政権の自作自演だという説が現れました。僕は完全な謀略論だと思います。

以前に下山事件を取材したときも思ったけれど、完全な謀略ってあまりない。でもハプニングに便乗したり拡大したりする動きはあったかもしれない。いずれにせよ謀略論ってはまりやすい。だからこそ慎重になったほうがいい。ただし公安当局としては、ちょっと泳がせておけ、大騒ぎになった後で捕まえたほうが、俺たちの株も上がるぜ、みたいなつもりでいたら、ここまでやってしまった、みたいなことはあってもおかしくはないとは思っています。

二〇一〇年二月、事件当時の警察庁長官で狙撃された國松孝次元警察庁長官が、地下鉄サリン事件被害者の会代表世話人である高橋シズヱさんからのインタビューに答えて、「警察当局は、オウム真理教が三月二二日の強制捜査を予期して何らかのかく乱工作に出るという情報を事件の数日前に得ていた」と発言しました。共同通信が配信した記事ですが、うっかり口を滑らせたというニュアンスを感じました。いずれにせよ、捜査当局が何らかの情報を得ていたことは確かでしょう。

礫川●『戦後ニッポン犯罪史』の補論にもちょっと書きましたが、当時、多分に謀略論的な見方に毒されていまして、そこにばかり関心が向いていました。オウム真理教が実質的に壊滅させられたあとは、何となく気が抜けて、オウム真理教に対する関心も冷めていったわけです。むしろ、追いかけていかなければならなかったのは、そこからだったのではなかったのか、という反省が今でもあります。

裁判によって、本当に事件あるいは犯罪の全貌が解明されるのか。オウム真理教という教団の本質が、裁判の中で見えてくるのか。麻原彰晃は何者なのか、また、どういう証言をするのか。引き続き、こういう問題についても、ウォッチしていかなければならなかったと思います。

権力、メディア、世論の三者がどのようにからんでくるのかといった問題は、オウム真理教が実質的に壊滅させられたあとの段階、オウムの犯罪が裁かれてゆく段階にいたって、むしろハッキリ浮上してきたといってよいでしょう。

そのあたりのことにようやく気づいたのは、森さんの『A3』を文庫版[*11]で読んでからですから、あまりに遅すぎたと思っています。

森●確かに当時は、オウムをめぐる謀略論はたくさんありました。ロシアや北朝鮮や統一協会など、いろんな国家や組織がオウム真理教の裏で動いていると、多くの識者やジャーナリストが発

『週刊現代』(1995.5.6・5.13合併号)

言していました。
礫川●恐らく自衛隊も絡んでいるのではないかと私は思っているんですけど、これは、謀略論でも、一番出てこない部分だと思います。オウム真理教に、どのくらい自衛隊員の信者がいたか。オウム真理教の犯罪に自衛隊員がどのように関与していたか、というあたりが一番出てきません。恐らく自衛隊の中から、オウム真理教のほうに情報が漏れたケースもあったと思うのですが、あまり報道されることはなかったですね。
森●現役自衛隊員の信者が何人かいたことは確かですから、情報を自衛隊から入手していたことは事実でしょう、実際に裁判でそう証言した信者もいますから。
礫川●当時、読んだ本で、事件と自衛隊との関わりを強調していたのは、下里正樹さんが書いた二冊、『悪魔の白い霧』(ポケットブック社、一九九五年五月)と『オウムの黒い霧』(二葉社、一九九五年一〇月)ぐらいしかなかったと記憶しています。ただし、この二冊にしても、自衛隊の関与について言及している部分は、それほど多くなく、また決定的な事実を明らかにしているわけではありません。

＊11　元版は、二〇一〇年に、集英社インターナショナルから発行された。集英社文庫版上下巻が出たのは、二〇一二年。

5 麻原彰晃とは何者か

――問題の輪郭といったものが、かなり明らかになってきたところで、なぜ、多くの人々がオウム真理教にのめりこんでいったのか、あるいは、そもそも麻原彰晃とは何者かという問題について考えてみるのはいかがでしょうか。

森●重要な提議です。これから高橋克也の裁判が始まりますが[*12]、争点は麻原彰晃の指示とされるサリン散布、ＶＸガスの毒性などを、彼がどの程度に認識していたかです。ところが、井上嘉浩など教団幹部たちへの証人尋問は予定されているのに、最大のキーパーソンであるはずの麻原彰晃は証人として出廷しない。平田信や菊地直子の裁判の際にもそうでした。なぜ麻原彰晃は証人として出廷しないのか。でも理由は簡単ですね。呼べる状態ではないからです。本来ならメディアが問題視すべきです。これがタブーになってしまっているならば、事件の解明などできるはずがない。

オウム真理教事件から二〇年が過ぎました。今の若い人は、ほとんどリアルにはオウム真理教事件を知らないわけですけれど、オウムや麻原という名称を知らない人は、さすがにほぼいない。そういう意味では、オウム真理教がこの日本社会でひとつのアイコンになってしまったことは確かだと思います。

半分は揶揄しながらなんでしょうけれども、麻原彰晃みたいな不細工な詐欺師が、なぜあれほど多くの若者を魅了できたのかと口にする人は多い。それが最大の謎だと。

ポイントは幾つかあります。ひとつはオウム真理教の宗教性です。事件直後は多くの人が、人を殺す宗教などありえないと発言していました。つまりオウムは宗教に名を借りた偽物だと。

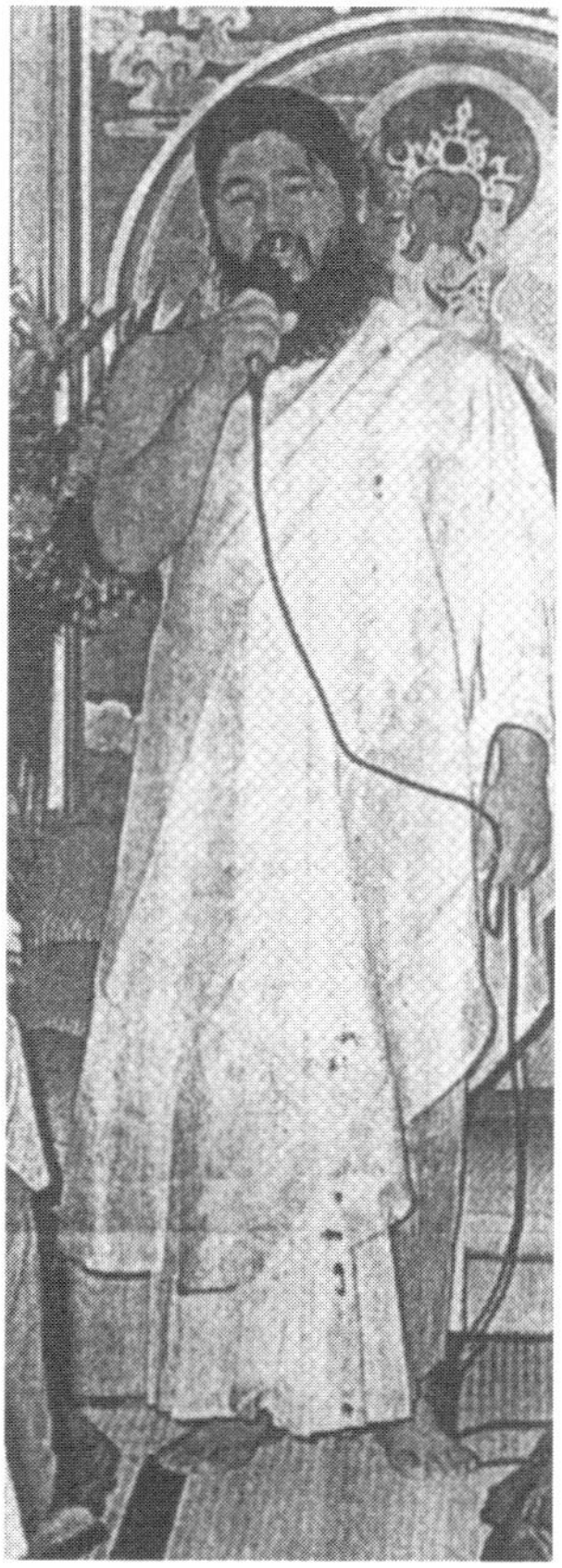

『犯罪の民俗学2』
(1996.5.25、批評社)

*12　二〇一五年二月二日、高橋克也の裁判が始まりました。

少なくとも「人を殺す宗教などありえない」については、とても浅い見識です。宗教は人を殺します。歴史を見ても、あるいは今の世界を見ても、それはとても明確です。なぜ宗教が人を殺すのか。宗教だからです。死と生を転換する装置だからです。

彼が多くの人を魅了した他の要素は、些末ではあるけれど意外に重要なのだけど、麻原彰晃の声だと思います。声や音は、宗教にとってとても大事な要素です。お寺でも教会でもモスクでも、みな天井が高い。要するに声も含めて音を反響させるんです。人は音声に無意識の領域を揺さぶられます。だから宗教指導者には、声のよさが求められる。麻原彰晃も実際に声を聴くと、とても深くて響く声をしています。説得力のある声ですよ。しかも残されている説法などを聞けば、とても論理的でよく勉強しています。宗教家として相当なレベルにいたことは確かです。もちろんだからといって犯罪の擁護は別です。でも少なくとも、「何の宗教的要素もない詐欺師だ」的な見方は違うと思います。

二つだけ挙げました。他にもあります。組織共同体のメカニズムです。これが最大の要因かもしれない。とても普遍的な要素です。それについての言及は後に回します。礫川さんは、どうお考えですか。

礫川●もちろん私は、麻原彰晃に会ったこともありませんし、その著作を研究したわけでもありません。ですが、麻原彰晃の教えを受けた人が語っていること、麻原彰晃に会ったことがある人が語っていること、あるいは、テレビなどで断片的に聞いた彼の発言などから判断しまして、やはり、宗教家としては大変なレベルの人だったと思います。

何よりも、あれだけ大きな教団を率い、多様な人間から崇敬されていたわけです。これは、宗教家として優れていたものを持っていたと捉える以外ないと思います。

いま、森さんが、麻原彰晃の「声」のことを言われていましたが、彼には、もうひとつ、「肉体」という要素があったのではないでしょうか。一九六九年に、作家の高橋和巳《かずみ》さんと哲学者の鶴見俊輔さんが、「教祖的人間について」というタイトルで対談しています。[*13] その中で、鶴見俊輔さんは、「教祖は、肉体がものすごく大切だ」という発言をしていたことを思い出しました。これを受けて、高橋和巳さんが、大本教の出口王仁三郎は、「巨人型の、大鵬みたいなタイプの人で、なんとなく安心させる」ということを言っています。たしかに、教祖にとって肉体というのは重要な要素ですが、麻原彰晃も、出口王仁三郎と同様、教祖にふさわしい肉体を持っていたと言えると思います。

ついでに言えば、鶴見俊輔さんは、この対談で、「ふところが広い人に、胸を貸してもらうと、自分の中から途方もない力が出てくるわけですよ。自分を相手にぶっつけることで。そうすると、一緒にやろうという気になるんじゃないですか」という発言をしています。これは教祖的人物についての指摘ですが、オウム真理教の幹部にとって、麻原彰晃というのは、やはりそういう存在だったのではないかと思います。

＊13 『伝統と現代』第一五号（一九六九年一〇月号）、特集「教祖」。

森●ひとつの要素かもしれませんね。麻原の父性を口にする信者はたくさんいました。ただもちろん、世の中には小柄な教祖もたくさんいますから、声も含めて絶対的な要素ではないとは思いますが。

磯川●それから、彼の宗教面での素養ですが、キリスト教的な脈絡を引いている部分もあるし、チベット仏教の脈絡を引いているところもあるし、日本の固有の宗教的文化的伝統を引いているところもあるでしょう。しかし、その根底は、浄土真宗だったのではないかと見ています。

森さんの『A3』にも書いてありましたけども、麻原彰晃のおやじさんは浄土真宗ですよね。

森●本願寺派の門徒です。

磯川●だから、彼の根底には浄土真宗的なものがあったのではないでしょうか。浄土系の仏教というのは、仏教の中でも特異で、アミダ信仰という一神教的な特徴を持っています。また、浄土真宗の門徒の間には、江戸中期以降、「倹約と勤労」を尊ぶ独特の倫理が形成されました。こうした浄土真宗門徒の倫理は、西ヨーロッパのプロテスタンティズムの倫理に近いものだったと見る研究者がいます。

富山の薬売り、越後の毒消し売り、近江の近江商人といった人々は、そのほとんどが浄土真宗門徒で、彼らの発展を支えた商業道徳は、浄土真宗門徒の倫理でもあったとも言えるわけです。

森永製菓の創業者である森永太一郎は、佐賀県の伊万里《いまり》の出身ですが、家は浄土真宗の熱心な門徒でした。太一郎も幼いころ、その祖母から「正信偈《しょうしんげ》」や「和讃」を教えられたといいます。二一歳にして、青雲の志をいだいて上京。その途中、深夜の箱根路を歩いていた折、空腹のあまり、トウモロコシ畑のトウモロコシを失敬したという話があります[*14]。

その後、さらにアメリカにわたって、筆舌に尽しがたい苦難を味わいますが、アメリカ滞在中にキリスト教（日本人メソジスト教会）に入信し、そのことがキッカケとなって、菓子作りの技術を習得することができました。

森永太一郎が、キリスト教に改宗した背景として、もともとの信仰である浄土真宗が、一神教的であったこと、浄土真宗の門徒の倫理が、プロテスタンティズムの倫理に通ずるものがあったことなどが挙げられると思います。

ちなみに、森永太一郎は、森永製菓を創業するにあたって、「定価売り」ということをモットーにしました。これを当時、「正札主義《しょうふだ》」と呼んだようですが、要するにこれは、この店は暴利を貪っていないという、「商人道徳」を示すものだったのです[*15]。

＊14　「32年前に落とした財布を探そうとした森永太一郎」、ブログ『礫川全次のコラムと名言』二〇一三年九月一三日を参照されたい（礫川）。

＊15　森永太一郎は、この「商人道徳」をアメリカで徹底的に仕込まれたのであろう。しかし、さらにそのルーツをたどると、上京前に奉公していた陶器商の叔父・山崎文左衛門の教え「商人は絶対に掛値をしてはならない、いつも正値《まさね》で販売しなければならない」にゆきつく。いずれにしてもこれは、浄土真宗の倫理と、プロテスタンティズムの倫理との間に通ずるものがあることを示している。

麻原彰晃の話に戻りますが、麻原彰晃の生家が浄土真宗だったということを、ハッキリ書いているのは、森さんの『A3』しかない。これを読んだとき、アッと思いました。

森●大きな事件が起きたあとにタブー的領域が発生する。頻繁にあることだけど、特に麻原彰晃の周辺には確かに多いです。水俣病もそうですね。麻原彰晃が水俣病だった可能性があると書いただけで、水俣病の患者はみんな人を殺すのかっていう、わけのわからない反駁が来る。だからメディアが萎縮する。触れなくなる。その結果として考えることの端緒も消えてしまう。水俣病は企業と国家の犯罪です。しっかりと告発すべきです。麻原彰晃にその可能性があると提示したからといって、水俣病の意味や教訓は何も損なわれない。それは別の位相です。でも社会は委縮する。忖度《そんたく》する。とても日本的な現象です。

サリン事件が起きたあと、確かに浄土真宗だけではなく日本の既成宗教は沈黙しました。オウムについて迂闊なことは言えないみたいな雰囲気がとても濃厚だった。

今もイスラム国での人質問題をメディアで語るとき、必ず「絶対に許せない」とか「卑劣で憤りを感じる」などと枕詞をつける。政治家もそうですね。テレビを観ながらオウムのときと同じだと考えました。拉致問題のときも同様です。絶対に許せないなどと前置きを置かないと安心できない。これを言わないとイスラム国や北朝鮮を擁護するのか的な批判が起きる。今も実際に、イスラム国の内実を検証した報道ステーションが叩かれています。

礫川●浄土真宗というのは、もちろん全国に広がっているんですが、特化して盛んなところがあります。富山、石川、新潟、広島、そして、麻原彰晃が生まれた熊本もそうなんです。宗教社会学者の有元正雄さんは、「門徒地帯」という言葉を使っています。つまり、その地帯には、浄土真宗門徒が密集しているわけです。麻原彰晃が生まれた熊本県八代《やつしろ》郡は、有元正雄さんの分類では、「中北部九州門徒地帯」に属します。

彼の生家の宗派が、たまたま浄土真宗だったというのではなく、隣近所もみんな門徒なのです。だから、こういったところは、その地域全体に、浄土真宗の影響が及んでいるわけなのです。麻原彰晃は、そうした風土で育っていますから、彼に対して浄土真宗が及ぼした影響は、やっぱり大きかったのではないでしょうか。

浄土真宗というのは、つねに権力から弾圧されてきた宗派でもあるし、権力と闘ってきた宗派でもあります。そうしたこともあって、浄土真宗の門徒というのは、他の仏教徒とは異なるメンタリティを持っているようなのです。

浄土真宗門徒特有のメンタリティとして、ハンディと戦い、刻苦勉励しながら自己実現を図ろうとする特徴があるような気がします。一口に言えば、不屈の精神に富んでいるということであり、別の言いかたをすれば、上昇志向が強いということでしょう。

江戸時代後期に、北陸から関東・東北に移住した農民（入百姓《いりびゃくしょう》）は、もっぱら北陸の浄土真宗門徒でした。明治期に北海道に渡り、開拓にあたった農民も、北陸の浄土真宗門徒が多かったと言われています。

同じく明治期には、ハワイ移民の募集があって、日本全国の農民が太平洋を渡りましたが、現地で半奴隷的な労働に耐えられたのは、もっぱら広島・岡山の浄土真宗門徒だったという記録があるそうです。[*16]

有元正雄さんは、浄土真宗門徒の中心的な徳目として、「正直・勤勉・節倹・忍耐」を挙げています。ペルーの日系人アルベルト・フジモリさんは、「正直・勤勉・技術」というスローガンを掲げて、大統領選に勝利し、一九九〇年に第九一代ペルー大統領になりました。

有元さんは、このスローガンが浄土真宗の徳目に似ていると感じて、フジモリさんについて調べてみたそうです。すると、フジモリさんのご両親は、お二人とも熊本県飽託《ほうたく》郡出身の浄土真宗門徒だったそうです。[*17]

――フジモリ氏は、自己クーデターで独裁政権を作ったり、降伏したペルー大使館襲撃事件の犯人を射殺したり、日本に亡命したり、ペルーに戻ったりして、現地では評判のいい人ではないようですが。

礫川●それは、大統領になってからのことで、最初に大統領になった当初は、日系人が外国の大統領になったというので、日本でも、ずいぶん評判になったわけです。

それで、麻原彰晃ですが、彼の半生もまた、ハンディと戦い、刻苦勉励しながら自己実現を図るといったところがあるし、上昇志向もつよい。これはいかにも門徒的だという気がします。まだ無名だったころの麻原彰晃については、いろいろなエピソードが伝わっていますが、私が印象深かったのは、彼が鉛を入れた靴を履いていたという話です。

一九八三年（昭和五八）一二月、西山総合株式会社という会社が、幹部社員を募集したところ、四〇人ほどの応募があったそうです。その面接試験は、西山祥雲社長の自宅（東京・世田谷）でおこなわれましたが、応募者の靴を揃えていた夫人が驚きました。持ち上がらないくらい重い靴があったのです。松本智津夫という青年が履いてきた靴で、鉛のような金属がはいっているようでした。夫人に呼ばれて、その靴を持ってみた西山氏は、「密に大志を持つ人物に違いない」と直観したそうです。この話は、下里正樹さんの『オウムの黒い霧』に出てきます。[*18]

松本智津夫青年、のちの麻原彰晃は、視力の面でのハンディがある上に、わざわざ「重い靴」というハンディを、みずからに課していたわけです。このエピソードも、いま読みなおしてみると、いかにも門徒的という感があります。

ちなみに、松本智津夫青年は、この会社には採用されませんでした。しかし、これをキッカケとして西山祥雲氏の自宅を訪れるようになったそうです。実は西山祥雲氏は、「自念信行会」とい

＊16　有元正雄『真宗の社会宗教史』（吉川弘文館、一九九五）

＊17　有元正雄『宗教社会史の構想』（吉川弘文館、一九九七）。

＊18　松本智津夫青年が、西山祥雲氏の自宅を訪ねていたことは、髙山文彦氏の『麻原彰晃の誕生』（文春新書、二〇〇六）でも、比較的に詳しく紹介されている。しかし、なぜかそこには、「重い靴」の話は出てこない。

う宗教団体の教祖でもあり、松本青年は、そのあたりに惹かれるものを感じたのでしょう。なお、西山氏によれば、松本青年は、氏の説く「宗教団体経営のノウハウ」を、几帳面にノートに筆記していたそうです。[*19]

その後の松本智津夫青年は、「宗教家」として、自己実現を図っていくことになるわけですが、これには、西山氏から受けたアドバイスの影響が大きかったと考えられます。ちなみに、麻原彰晃の「彰晃」という名前は、このころに西山氏からもらったものでした。彼が一時期、「松本彰晃」を名乗っていたことは、比較的よく知られています。

森●鉛を入れた黒い靴は……、梶原一騎《いっき》か何かに影響されたんじゃないかなという気もします。彼と僕はほぼ同世代ですから、子供時代に読んでいた漫画や観ていたテレビ番組の想像がつきます。宗教的な素養があったことは確かだと思うけれど、同時にとても稚拙なところもあって、あのコスモクリーナー[*20]や麻原彰晃の脳波を再現するヘッドギアなどは、あまりにも幼稚です。その辺のちぐはぐさは今も不思議ですね。

新新宗教[*21]はたくさんありますけれど、ほとんどがある程度信者が集まって財を成すと、大きな社《やしろ》や宮殿をつくったりしますよね。オウムは、一切そういうことをしなかった。施設は本当に粗末なプレハブ小屋ばかりで、麻原彰晃の住まいもそうですね。専用車のリムジンとかメディアはしきりに取り上げるけれど、実はとても質素な生活をしていました。そういえば事件当時、麻原彰晃の好物がメロンだということで、成金趣味のような報道をされていたけれど、よく考えたらメロンなど、一昔前ならともかく、今はそれほど高価なフルーツではありません。回転寿司で回ってくるのだから。これがキャビアやトリュフなら別だけど。

とにかく動機です。なぜサリンを撒いたのか。言い換えれば麻原彰晃はなぜそれを指示したのか。でも実は、どの程度の指示だったのかということすら解明できていない。サリン事件実行犯のほとんどは、麻原からの指示を直接的に受け取っていません。ほぼすべて伝言です。でもその詳細が今もわからない。結局は日本の司法もメディアも、社会全体が惹起したオウムへの強烈な憎悪と忌避感情に圧倒されて、これを解明するという任務を放棄したと僕は思っています。これはまさしく『A3』のテーマですが。

――麻原彰晃に直接会って話をしたりということができれば、具体的にもっとイメージが湧くと思うのですけれども、麻原彰晃が、なぜ、あれだけの若者たちを惹きつけ、あれだけの事件を起こせたのか。どうも、そこが摑めきれないような感じがします。核心に迫り切れないというか。今、お話いただいた以上に、付け加えることがありましたらお願いいたします。

森●先ほども少し触れましたが、信者たちは麻原彰晃に父権を求めていたという要素も、事件を

＊19 下里正樹『オウムの黒い霧』(二葉社、一九九五)、二四一ページ。
＊20 オウム真理教が開発したファン式空気清浄機の名称。
＊21 新しい新宗教。一九七〇年以降に登場した新宗教を指す。西山茂氏の造語とされている。

解明する要素として、メディアではよく消費されます。

確かに麻原彰晃に父権的な要素を求めていた信者もいたけれど、母性的なものを見出す信者もいました。とても怖い人だって言う人もいれば、ありえないくらいに優しい方ですと表現する信者もいる。威圧感があって怖かったと声を潜める信者がいれば、おちゃめでかわいかったですと言う信者もいる。イメージがバラバラで収束できない。もちろん人はそういう存在です。印象は人それぞれ。でも麻原彰晃の場合は、その振幅が桁外れに大きいという実感を持っています。

個々の信者の願望に、彼は対応していたような気がします。悪く表現すれば、相手に合わせて一貫性がないってことになるけれど、でも集団のリーダーとしては、有効な要素なのかもしれない。

礫川●孔子も、弟子の気質や教養によって、それぞれ、教えを変えたと言われています。教える内容を変えるわけではなく、言葉を変えるわけですね。

麻原彰晃は、高名な宗教家や学者などとも対談してきたわけですが、自分がわからないところは、フンフンと言って聞いている。嚙み合うところになると、ズバッと突っ込んできたという話を聞いたことがあります。そういう頭のよさというか、俗にいう地頭《じあたま》のよさを、やっぱり持っていたのではないかと思います。

森●頭はいいと思いますよ。あれだけの宗教的な知識、特にチベット仏教に対しては、確かに相当に勉強していたようです。

6 壊れてしまった麻原彰晃

礫川●それだけ頭がよかった人間が、なぜ、あんなふうに、心身に変調をきたしてしまったのでしょうか。あんなふうにというのは、森さんが『A3』に書かれていたようにという意味です。これを簡単に、拘禁性ノイローゼと言ってよいのでしょうか。このあたり、森さんのお考えは、いかがですか。

森●僕が『A』を撮った時期は、これは『A2』も含めてですが、麻原彰晃の逮捕後です。ですから、あまり品のいい言葉じゃないですけれど生身の麻原には、それまで一度も会っていなかった。彼の痕跡は、もちろんたくさんあるわけですけれど、本人には会わないままでした。その後に多くの幹部信者に、拘置所に通って面会したけれど、麻原彰晃はずっと接見禁止ですから、やっぱり会うことはできない。でも信者の話を聞けば聞くほど、麻原彰晃という人間がわからない。そして麻原彰晃の一審判決公判が近づいたころ、共同通信から、法廷を傍聴しないかと依頼されました。

それまでも裁判はずっと行われていましたから、傍聴する気になればできたはずです。でもそのころは今よりもはるかに、自分は映像の人間だっていう意識が強かったから、カメラを持ちこめない法廷は自分の領域ではないと思っていました。さらに、ジャーナリストと呼ばれることが嫌なんです。これは今もそうですが、自分をジャーナリストだとは思っていません。特にあの時期は映像表現の人間だとの思いが強くて、だからこそ自分は法廷になど行くべきではないと思っていました。

でも一審判決公判のころには執筆も始めていたし、何よりもこれは、生身の麻原彰晃を見られる最後のチャンスかもしれないと考えました。二審では被告人の出廷義務がありませんから。だから依頼を受けました。*22

でも傍聴席から、刑務官たちに支えられながら入廷してきた麻原彰晃を見た瞬間に、強い違和感を持ちました。ほとんど意思を感じられない姿でした。さらに被告席に座った麻原は、同じ動作をずっと反復し続けました。頭を掻いたり、手を重ねたり、その一連の動作の中に、顔をクシャって歪める瞬間があります。それをずっと規則的に反復している。動物園の動物などでよく見る光景です。ぐるぐると同じ動作を反復する。拘禁障害の典型的な初期症状らしい。

裁判の休憩時間に、記者クラブ前の廊下で読売新聞の旧知の記者から声をかけられて、この状況をどう思うかって訊いたら、ずっと裁判を傍聴してきた彼は「だめでしょう」と即答しました。午前と午後でズボンがしょっちゅう変わっていると言っていましたね。要するに脱糞や失禁です。

あれはもう詐病のレベルではないと教えてくれた記者もいました。でもあくまでも小声です。それらの思いは決して報道されない。判決翌日の新聞各紙の一面は、顔を歪める瞬間を挿絵に使いながら、「遺族を嘲笑」とか、「高笑い」といった言葉を加えるんです。これを見れば誰もが許せないと思うでしょうね。でもあれは笑いじゃない。強いて言えば発作です。

その日の判決は、もちろん死刑です。それは誰もが予期していた。でも僕はとにかく、間近で見た麻原彰晃の状態がショックで、その日の夜に、共同通信への寄稿として、この裁判への大きな違和感について書きました。数日後に朝日新聞にも、同様の趣旨で寄稿しました。たぶん、麻原彰晃の状態が普通ではないと書いた最初の記事だと思います。死刑逃れの恣意的な奇行だとの指摘はそれまでもあったかもしれないけれど、でもならば結果的には、死刑逃れどころか死刑判決を速めています。ところがその矛盾からは眼を逸らしている。

朝日新聞でオウム法廷についてメインで書いていた降幡《ふりはた》さんから、原稿を送ってすぐに、携帯に電話がかかってきました。掲載前の僕の原稿が手元に届いたのでしょう。森さんは何を根拠に麻原彰晃は壊れていると断定するのかと質問されたから、実際に見てそう思いましたと答えました。降幡さんはあの様子を見ながらそう思わないんですかと訊き返したら、あれは要するに意識が別の世界に行っているんですと答えられたので、それを「壊れてる」って言うんですという会

＊22　一審の判決公判があったのは、二〇〇四年二月二七日。

話をした記憶があります。

礫川●降幡さんというのは、朝日文庫から『オウム法廷』を出している降幡賢一さんのことですね。

森●ずっとオウム法廷を傍聴してきた数少ない記者の一人です。とても重要な指摘をたくさんされています。でもこのときは、降旗さんですら今の麻原については、そのレベルの見解なのかと驚きました。ただし彼だけではないですよ。メディアはほぼすべて、麻原彰晃の精神状態が壊れているということを認めない。もしくは目撃しながら気づかない。あるいは詐病に違いないと思い込んでいる。

思い起こせば、一審途中で麻原彰晃は不規則言動を始めて、自分は今エンタープライズ[23]の上にいるとか、いきなり英語をしゃべりだしたりとか、明らかに異常な兆候はいくらでもあったんです。[24]

あの段階で本来は精神鑑定すべきだった。[25] でも誰もその動議をしなかった。弁護団も検察も。そしてメディアも。

麻原オウムと自衛官グループが企てていた衝撃のクーデター計画!!
第1部 ついに掴んだ「平成の2・26」の全貌
下里正樹(ジャーナリスト)
独走スクープ
テレビ・新聞では分からない
前代未聞の不可解な「オウム事件」の真相
麻原オウムの「末期」
サリン実行犯の「陰」に自衛官!?

『週刊現代』(1995.5.20)

当然ながら状態はどんどん悪化します。でも結局はそのまま目をそらしながら裁判を続けて、中盤からは麻原彰晃は沈黙してしまう。この直接的なきっかけは井上嘉浩証言をめぐっての弁護団との対立ですが、しゃべれる状態ではなくなったこともあったと思います。つまり崩壊のレベルが上がってしまった。こうして結局、最大のキーパーソンの法廷は何も解明されないまま死刑判決が下されて、しかも二審や三審がないままに一審判決が確定してしまいました。

＊23　アメリカ海軍の伝統的な艦名。ここでは、原子力空母ＣＶＮ‐６５（就役期間一九六一〜二〇一二）のことであろう。

＊24　一九九七年四月二四日に開かれた第三四回公判の席で、麻原彰晃は、「このような話を本日、エンタープライズのような原子力艦空母の上で行なうのは、うれしいというか悲しいというか、複雑な気分であります」と述べたとされる。

＊25　刑法三九条に、「心神喪失者の行為は、罰しない。／2　心神耗弱者の行為は、その刑を減軽する。」とある。

7 なぜ麻原彰晃は壊れたのか

森●麻原彰晃が壊れた理由はわかりません。例えば、坂本弁護士一家殺害事件に関与した岡崎(現在は宮前)一明さんは、面会し始めたころに麻原彰晃の精神状態についての話になったとき、「いくらでも演技する人だ」というようなことを言っていたのですけど、法廷に証人で行って実際に麻原彰晃を見た後は、「確かに、ちょっとおかしい」と言い始めました。向精神薬を相当打たれているという情報があるからそれで壊れたんじゃないかとも。弁護士からの情報らしいです。確かに急激すぎるんです。破防法の弁明のときはしっかりしゃべっていたし、麻原彰晃の主任弁護人だった安田好弘さんも、当初はとてもしっかりしていたと言っていますから。だから事件についての責任能力はあったと思います。ただし訴訟能力が失われている。いずれにしても、過剰な投薬の可能性もあるけれど、現状では何も断言できない。

言葉を慎重に選ばなければいけないけれど、麻原の男兄弟は六人いて、そのうち麻原彰晃も入れた三人に視覚障害がありました。まあこれも水俣病説の根拠のひとつだけど。精神的にもやや不安定な家系という印象があります。[*26] そういった遺伝的な要素が発現した可能性もある。これも可能性です。現状では何もわからない。ついでに水俣病説についていえば、症状としては少し違うと僕は思います。でもとにかく、彼が壊れてしまったことは確かです。そして自然に壊れたのではなく、この社会が彼を壊してしまったことは確かです。その結果として、オウム真理教事件は多くの謎を残してしまった。だから、喚起された不安や恐怖が社会を内側から変えてしまった。

当時は麻原彰晃の精神について、九九・九%とか、おそらくとか、そういう言葉を使っていましたけれど、今は、一〇〇%、麻原彰晃は、一審の段階で壊れていたと断言します。でもこれを指摘すると批判されます。あるいは黙殺。

礫川●麻原彰晃は、裁判に耐えている過程で、さまざまな要因が重なって、精神的な変調をきたし、壊れてしまった。ところが、裁判の過程では精神鑑定もなく、最後に裁判所の依頼による西山鑑定によって「訴訟責任能力」ありとされ、死刑判決がなされた。結局、これで確定してしまったと、このように理解しました。

いずれにしても、最初から「死刑ありき」の裁判で、それ以外の選択肢は、あらかじめ封じられていたような気がします。何か強力な「国家意志」のようなものが働いているというのか、事件の

＊26　三代遡れば、どこの家系にも精神障害を抱えた人が必ずいるものだという説がある（西丸四方著『彷徨記』、批評社）。

本質が覆い隠される、麻原彰晃が壊れている事実も否定される。そうした状態で裁判が進行し、最後に「死刑」という結論だけが、コロッと出てきたという感じです。そうした「国家意志」に対して、マスメディア全体が暗黙の了解を与えているというのか、その辺りはどうなのでしょうか。

森●あの段階で裁判をストップして麻原彰晃を鑑定したら……、決して西山さんのような御用学者ではない精神科医に正当な鑑定をさせれば、裁判を停止せざるを得なかったでしょう。そうなると国民から何を言われるかわからない。そういう恐れが、司法やメディアにはあったとは思います。つまりポピュリズムです。それほどの憎悪の対象でしたから。言い換えれば、民意に司法とメディアが屈してしまった。

この状況は鋳型になります。その後も光市母子殺害事件の裁判のように、くりかえされることになります。

礫川●政治家・思想家・宗教家の中には、長期の法廷闘争、拘置・拘禁、あるいは何十年にもわたる獄中生活に耐え、正気のまま、社会に復帰し、すぐに活動を再開したというような例も珍しくないわけです。

しかし、麻原彰晃は、どうして壊れてしまったのでしょうか。あるいは、どの段階で、何をキッカケに壊れてしまったのでしょうか。例えば、自分が築き上げた教団が、ああいう形で瓦解していくのを見て壊れたとか、信頼していた側近に裏切られたので壊れたとか、そういったことはなかったんでしょうか。

森●一九九六年に、オウム真理教に対して破防法を適用すべきかどうかが論議されていた時期に、麻原彰晃も聴聞会で発言しています。立会人は浅野健一さんや佐高信《さたかまこと》さん。その記録が残っていますが、麻原彰晃の発言はとても明晰です。破防法を適用するならばオウムを最後にしてほしいと主張しています。その段階では、精神的な異常というのは全く感じないですね。

不規則発言についてはいつ始まったかは明確ではないけれど、沈黙しはじめた時期はハッキリしています。井上嘉浩《よしひろ》が証人になったときです[*27]。裁判所としては共謀共同正犯[*28]を麻原彰晃に適用したいわけです。そうでなければサリン事件では有罪にできない。麻原彰晃が殺害の現場にいたのは最初の事件だけです。他の事件の際には、もちろん地下鉄サリン事件も含めて、麻原彰晃は現場にはいない。だから彼を有罪にするためには、指示をしたとの確かな証拠が必要です。

最も多く麻原彰晃の指示を聞いていたのは村井秀夫さんのはずですが、刺されて死んでしまったから[*29]麻原彰晃を有罪にできない。そこで井上嘉浩が証言する。阿佐ヶ谷のラーメン屋で、井上嘉浩が正悟師に昇任したことを祝う会があって、その帰りに上九一色村に向かうリムジンの中で、麻原彰晃が、村井秀夫・遠藤誠一・井上嘉浩・青山吉伸・石川公一の五人の幹部と、「強制捜査が

＊27　一九九六年一〇月一八日第一三回公判。
＊28　共同実行の意思の形成過程にのみ参加し、共同実行には参加しなかった形態の共同正犯をいう。
＊29　村井秀夫は、一九九五年四月二三日に、暴力団の構成員に刺され、翌二四日に死亡。

迫っているから、サリンをまいて目をくらまそう」というような謀議をした。これが井上の証言したリムジン謀議です。

これが麻原彰晃の共謀共同正犯を裏付ける唯一の証言です。ですから裁判所は、この井上証言に飛びついた。でも井上自身は、後にこのリムジン謀議の証言を自ら否定している。しかも、そのとき一緒に乗っていた幹部たちは、「そんな話は聞いてない」と、……遠藤誠一はちょっと微妙ですが、否定しています。狭い車内で、しかも彼らにとっては尊師の発言を、聞き逃したとは考えづらい。しかし裁判では、井上証言が決め手になるわけです。

とにかくここを生命線と見なした弁護団は、井上嘉浩を証人に呼んでリムジン謀議の事実関係をただそうとした。いわば麻原有罪の最後の攻防戦です。ところが麻原彰晃は井上嘉浩への詰問に同意しなかった。偉大な成就者を追い詰めちゃいけないと。

でも弁護団としては、はいそうですかというわけにはゆかないですよね。法廷で質問を始めた

テロ捜査は日米同盟に直結

「国家転覆・武装クーデター」をカルト教団の妄想と笑えるか

麻原オウムの「共犯」を村山政権は見逃すな

「サリン・テロは明らかに日本に対する侵略行為だ。同盟国としてやるべきことをやる」——村山首相はそうしたアメリカからのサインを理解できなかったらしい。それでいて、自動車戦争では米包囲網を形成しようと嫌米の日本に対し、憤りの声が挙がっている。日本の知米派、

アメリカの知日派がともに憂慮しあう中、オウム教疑惑の背後に浮上した国際謀略機関の存在に目を向けようとしないこの国の、政治・社会の未熟さがあらためて問われる。

《総力 第9弾》「何も終わっていない!」

『週刊ポスト』(1995.6.9)

けれど、麻原彰晃はそれを強く制止した。この後から麻原彰晃の沈黙が始まります。弁護団も意思の疎通ができなくなった。主任弁護人である安田好弘さんは、麻原彰晃との信頼関係があの瞬間に崩れてしまったと説明してくれました。

礫川●なぜ制止したのですか。

森●わからないです。偉大なる成就者を追い詰めてはいけないということを言葉どおりに解釈すれば、井上嘉浩をかばったことになりますね。自分への死刑判決が出るかどうかの瀬戸際なのに。だから麻原彰晃が類《たぐい》まれな宗教者であることを補強する材料にされてしまう。僕はそうは思わないけれど。でもとにかくわからない。

礫川●論理的に考えれば、井上嘉浩に対する反対尋問をやるべきだった。そのあたりで、もう、おかしくなっていたと考えていいんですか。

森●その可能性もありますね。

礫川●麻原彰晃が井上嘉浩に向かって、「飛んで見せろ」と言ったのもそのときですか。

森●そのときです。[*30] だから、その段階で既におかしくなりかけていたとの見立てもできますね。いずれにしても、あれが大きなターニングポイントだったことは確かです。

＊30　一九九六年一〇月一八日第一三回公判。この日、麻原彰晃は、井上嘉浩に向かって、「井上証人、私は精神病だと思われているだろうな。飛んで見せてくれ」と言ったとされている。

8 キーパーソン・井上嘉浩

礫川●井上嘉浩が、いわゆるリムジン謀議について証言した[31]のは、何か理由があったんですか。本当は、そういう謀議がなかったのに証言したとしたら。

森●多くのオウム真理教死刑囚、林泰男さんとか早川紀代秀《きよひで》さんとか中川智正さんなどに面会したり文通を続けたりしたけれど、井上嘉浩さんに対しての感覚は何となく共通しています。どうして法廷で嘘ばかり言うのだろうと。

礫川●嘘しか言わない？

森●嘘は何となくですよ。新実智光さんとか広瀬健一さんとかは、絶対に人の悪口は言わないし。でもどうしちゃったのかなという感じは、ほぼ全員にあったような気がします。まあ井上嘉浩さんは一審では無期になったので、[32]そこで欲が出たのかもしれないですね。自分は死刑を免れるかもしれないと思ったからこそ、必死になって自己保身をはかったという可能性はある。

礫川●すべての責任を麻原彰晃に持っていくという。

森●あとは他の幹部信者。僕はサリン事件に限っていえば、キーパーソンは、井上嘉浩さんじゃないかと思っています。

礫川●そうすると、自分でやったにもかかわらず、責任を麻原彰晃に持っていけば何とかなる、もしかすると無期懲役が出るかもしれないというので……。

森●人の心理としては当たり前だと思います。でも僕が面会した信者たちはみな、ある意味で自分たちが死刑になることは当然だと思っています。それだけのことを自分たちはしたのだからと。だからいっそう、井上嘉浩さんには首をかしげたくなるのかもしれない。

礫川●無期懲役の可能性をほのめかし、それによって、井上嘉浩の証言を誘導するといった手法がとられたとは考えられませんか。

森●リムジン謀議の際には、司法取引的な要素が裏にあったかもしれないとは思いました。検察が誘導的に、あるいは交換条件的に、いろいろエサをちらつかせた可能性はあると思います。だからこそ井上嘉浩さんも二転三転したのかもしれない。約束を守ったのに二審以降は死刑判決ですから。

礫川●そういったあたりの分析は、本当は、裁判を傍聴したり分析している人がやらなければな

＊31　井上嘉浩は、一九九六年九月二〇日の第一〇回公判で、いわゆる「リムジン謀議」を証言した。
＊32　二〇〇〇年六月六日の一審判決は、井上嘉浩について、「地下鉄サリン事件では連絡役に留まる」などとして、無期懲役を言い渡した。

らないと思うのですが、メディアにはあまり書かれていないですね。

森●その当時の裁判傍聴者でビッグネームは、佐木隆三さんや江川紹子さんです。でも彼らは、麻原彰晃の控訴棄却の際にも、「全く妥当である」とのコメントを言っています。麻原彰晃の挙動については詐病だと断定していたと記憶しています。

礫川●ジャーナリストとしては優秀なんだろうけど、「麻原憎し」で固まっているという感じですね。朝日新聞の降幡賢一さんも、基本的には、そうなのかもしれません。

森●オウム真理教事件の後に、江川紹子さんと小林よしのりさんが大きくクローズアップされました。片やジャーナリストで片や漫画家という、表現あるいは報道に関わる肩書がついていますが、この二人に共通しているのは、どちらもオウムの被害者ということです。小林さんと一回対談したことがありますが、オウムへの恐怖があったことは率直に認めています。

『週刊現代』（1995.6.5・6.13合併号）

礫川●小林よしのりさんも、狙われたんですか。

森●坂本弁護士一家殺害事件はオウム真理教の犯行じゃないかと漫画に書いた後に、何度も尾行されたりしていると感じたことがあったそうです。いつ何どき、自分がやられるかもしれないと思ったと言っていました。江川さんの場合は、実際にホスゲンガスで狙われています。[*33]

さらに坂本弁護士一家の殺害事件については、江川さんは「遺族」としての感情も持っている。[*34]だからその意味では、被害者側である江川さんや小林さんが加害者を憎むのは当たり前のことです。

問題は二人の不安や恐怖、憎悪などが、片やジャーナリストの発言、片や漫画家の表現として流布されてしまったこと。二人を責めても仕方がない。でも結果として、凶暴で凶悪なオウム真理教という構図が、さらに補強されたことは確かです。

礫川●オウム真理教事件やその裁判については、いろいろな論じ方があっていいと思うんですが、やっぱり主流は、江川紹子さん的、小林よしのりさん的なスタンスだったと思います。

＊33　一九九四年九月二〇日、就寝中に、自宅の郵便受けからホスゲンを噴霧され、気管支に全治二週間の傷を負った。

＊34　坂本堤《つつみ》弁護士は、江川紹子氏の紹介によって、オウム真理教からの脱会についての相談を受けたことがキッカケとなり、一九八九年五月以降、オウム真理教の反社会性について追及していた。

9 異質なものを排除する構造

――お話の途中ですけれど、地域からオウム信者が排除されてゆくという問題があります。サリン事件の後、いろいろな地域にサティアン（オウム真理教の宗教施設）などがありましたが、地域の住民によって排除されていくわけです。一方で、マスコミによって、反オウム的な報道がなされていましたから、そうした世論誘導によって、地域住民はオウムを拒否していったのか。それとも、地域住民には、異質なものに対する、拒否反応の力が初めからあって、たまたま事件が起きたことによって、その力が働いて排除する方向にいったのか、どうなのでしょう。

森●両方あると思います。サリン事件の前でも、熊本県阿蘇郡の波野村《なみのそん》では、村を挙げて、オウム真理教の信者を追い出そうという運動があったりしましたから。一般の社会にとってみたら、やっぱり宗教集団というのは異質な集団ですからね。しかも、オウム真理教は、初期の段階では相当過激ですから、相入れなかったというのはあるでしょう。そういった感覚が、言ってみればサリン事件によって、いわばお墨つきを得たみたいな感じになり、オウム的なものは一切排除するみたいな、そういった雰囲気が日本中に広がったと思います。

礫川●映画『A』にも、そういった場面がありました。信者の住んでいるアパートにある、「オウムは出ていけ」というビラが映し出されていました。当時、ああいった動きが、極端な形で急速に広がったわけですね。

こうした動向をどう説明するかですが、基本的には、異質なものを排除する草の根的な意識があって、それをメディアが誘導し、増幅させるということがある。そして、そうして増幅された排除意識が、さらにメディアに反映されてゆくということがあったと思います。

森●メディアと社会の相互作用です。

礫川●そこにさらに、権力が乗っていくという。

森●権力は便乗します。

礫川●この構造が一番怖いという気がします。

昭和初年の「アカ」攻撃、昭和一〇年前後の「邪宗」攻撃、戦中の「非国民」攻撃などを思い出します。メディアが国民の間にある草の根的な排除意識を煽り、権力がそれに乗るという構造です。

森●当時、一九九五年三月は村山政権の時代です。ちなみに3・11の東日本大震災（二〇一一）のときは民主党政権。この国では自民党が下野した時期にかぎって、とてつもない事件や災害が起きて政権が揺さぶられる。

礫川●私が映画『A』を観て、特に後半で感じたことですが、「住民の視線」の怖さですね。住民が出てくるわけでもないのに、何か、その「見えない視線」といったものが、映像からビンビンと伝わってきました。あの怖さは、いったい何なのか。

森●『A2』(二〇〇二年公開)は、まだご覧になっていませんか。

礫川●『A2』は、まだ見ていません。

森●『A2』は、そうした雰囲気がより鮮明になっています。

『A』の時代状況は一九九六年から九七年です。『A2』は、二〇〇〇年から二〇〇一年。後者のほうが、オウムに対する憎悪や忌避感情は、はるかに強くなっています。

時期としては一九九九年ぐらいから、行政による住民票不受理であったり、信者の子供の学校受入れ拒否とか、そうした動きが前面に出てきます。不思議といえば不思議だけど、人も殴られた直後には痛みを感じないのに、翌朝に腫れたりしますよね。要するにサリン事件からしばらくは、少し乱暴な喩えですが、アドレナリン放出の時期だったのかもしれない。オウムは日本社会に宣戦布告したのだから、これは戦争だと言った人もいましたね。そして「戦後」に、差別や忌避の感覚が前面に出てきた。

礫川●そのことと、先ほどおっしゃられた、インターネットを媒介にした情報の伝達。匿名の人間が発した真偽不明の情報が、急速に拡散するという情報伝達の怖さです。

森●それもあるでしょうね。メディア自身の変化も大きい。ネットに煽られる形で競争原理が加熱します。さらに、不安や恐怖を抱いた社会が最も強く反応するのは、危機的な情報です。これもやっぱり相互作用です。

礫川●オウム真理教事件以前、事件以後という言葉が適切かどうかは知りませんが、オウム真理教事件を契機に、何かが変わってしまったというか、恐ろしい時代が来たな、という気がします。

森●それはずっと実感しています。

礫川●先ほどちょっと言いかけたんですけども、森達也さんの視点があって、そうでない視点、たとえば江川紹子さん的な視点もあっていいわけだけれども、その中間がないのですね。江川紹子さん的な視点が、圧倒的に多数派で、その対極に森達也さんがいる。その中間が、ゴッソリ抜けているという感じですね。オウム論の視点に、バリエーションというものがない。これは、やっぱり問題ではないでしょうか。

森●要するに、森的な視点はマイノリティということですね（笑）。まあ確かにそうですね。特に事件直後は、別にオウム真理教に対してのシンパシーを誘うわけではないのに、違う視点を導入しようとするだけでバッシングされたり排斥されたりすることが当たり前でした。

例えば劇作家の山崎哲さん。吉本隆明さんもそうですね。宗教学者の島田裕巳さんも激しく攻撃されました。

礫川●島田裕巳氏も、激しいバッシングを受けて、一九九五年七月に、日本女子大学教授を辞任していますね。

――吉本隆明さんの立場は、オウム真理教徒を、犯罪集団という面だけで見ていては、本質的なことはわからない。その宗教思想を解明しなければいけないというものでした。これは、吉本さんが、二〇〇三年におこなった森山公夫さんとの対談の中で、述べていることです（吉本隆明・森山公夫『異形の心的現象』批評社、二〇〇三）。

礫川●吉本隆明さんは、一九九五年当時、オウムについて、いろいろな形で積極的に発言していますが、その趣旨は、一九九五年から二〇〇三年まで、一貫していたということでしょう。

以下の吉本さんの発言は、一九九五年九月五日の東京新聞夕刊に載ったもので、宗教社会学者の弓山達也さんの質問に答えたものです。

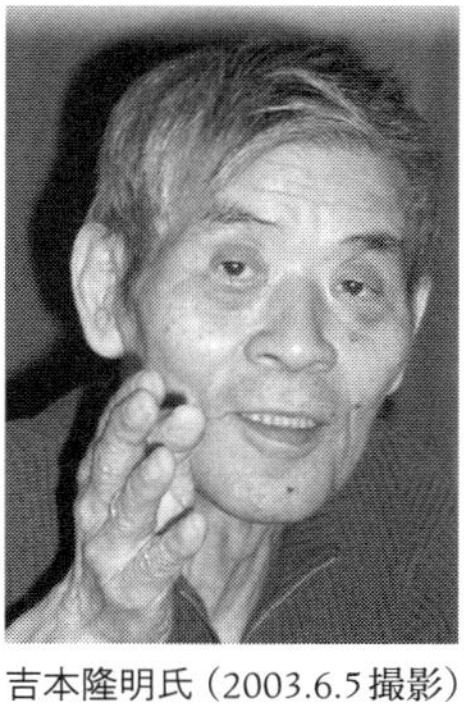

吉本隆明氏（2003.6.5撮影）

「裁判の過程の中でもなんでもいいんですけれど、麻原という人が『自分たちは市民社会の善悪の基準、法的善悪の基準からすれば、確かに悪いことをしていることになる。市民社会的な倫理から弾劾され、法で罰せられることは仕方のないことだ。しかし、われわれの持っている宗教的世界観からすれば、それはこういう位置づけができて、こうなんだ』と、はっきり表明するということをやれば、不明な部分が分かってくるような気がするんです。それをやってくれないと、分からない。麻原さんが世界観を話さない次元で、オウム真理教のやったことを弾劾《だんがい》したり、否定したり、これは犯罪者集団であり、異常者、殺人集団であるからダメだと言いたて、決めつけたって、オウム真理教、あるいは宗教一般の持っている超越的な（現世の倫理を超えた）部分を否定することにならないと思います。」

今日、これを読みますと、吉本さんは、きわめてマトモなことを言っています。[*35] しかし、一九九五年当時は、そうは受けとめられませんでした。吉本隆明さんもまた、こうした発言によって、世間から激しいバッシングを浴びることになったわけです。[*36]

＊35　ここで吉本隆明が言っていることは、浄土真宗の考え方に、きわめて近い。吉本隆明の思想の核は、浄土真宗だったと考える（礫川）。

＊36　弓山達也氏によれば、氏は同年八月にも、吉本隆明にインタビューし、その内容は産経新聞に連載された。すると、連載一回目から、産経新聞社に抗議の電話が鳴り続け、弓山氏の自宅にも無言電話などがあったという（弓山達也「吉本隆明とオウム真理教」、ホームページ『弓山達也仮想研究所』）。同じく弓山氏によれば、そのインタビューの中で、吉本隆明は、麻原彰晃を認める一方で、「こんな程度ではまだまだこの社会は突き崩せやしない」と語った。そして、吉本自身が、麻原に思想的に打ち克ち、別のやり方で新たな価値を築いていく自負を示したという（弓山達也「吉本隆明氏の麻原被告評価」産経新聞夕刊、一九九五年九月一五日）。こうした回想に接すると、吉本隆明が、いかに強く麻原彰晃を意識していたか、いかに高く麻原彰晃を評価していたかがわかる。しかし、まさにこのことによって、吉本隆明は、当時、世間あるいは識者から批判を受けることになったのである（礫川）。

森●そうやって叩かれる人が目の前にいるわけですから、「オウムについては下手なこと言ったらまずい」、そういう雰囲気ができて、オウムについての論調も一色になってしまった。

礫川●森さんは、それでも発表しなければいけないという使命感が強かった？

森●違います。僕は「ＫＹ」（空気が読めない）ですから。少なくとも使命感じゃないです。

これはまずいのかなあと何となく思いながらも、結局は映画を撮って発表した。深く考えていません。かなりバカだと思います。比喩ではなくて。

BOOK GUIDE

出版情報

批評社の書籍をお買い上げいただきましてありがとうございます。
■出版情報では新刊と刊行中のシリーズを中心にご紹介しております。より詳しい書籍情報や既刊書籍についてお知りになりたい方は、ハガキ等にて下記連絡先へご連絡下さい。パンフレットまたはPR誌を無料にて送付いたします。
■お求めの書籍が店頭にない場合には、お近くの書店にお問い合わせ下さい。また、地域の図書館リクエスト等にもお役立て下さい。
■お客様へ小社からの直送も承りますが、送料をご負担いただいております（何冊でも160円です）。着払いの場合、送料に加えて手数料（250円）を別途ご負担いただきます。お支払いは原則として郵便振込にてお願いいたします。書籍に郵便振込票を同封いたしますので、郵便局でご入金下さい（手数料は小社負担）。銀行振込をご希望の場合は、その旨事前にお知らせ下さい。なお、高額な発注の場合、前払いをお願いいたしておりますので、ご理解下さい。
■小社への直接のご注文の際はクレジットカードやコンビニエンスストアはご利用いただけませんので、インターネット書店様のサイトなどをご利用下さい。
■疑問・質問等ございましたら下記連絡先へお気軽にお問い合わせ下さい。

批評社
〒113-0033 東京都文京区本郷1-28-36 鳳明ビル
Phone. 03-3813-6344 Fax. 03-3813-8990
http://hihyosya.co.jp mail:book@hihyosya.co.jp

＊表示価格は全て税別です。

❶いじめ ●《子供の不幸》という時代　河合洋◉編

学校崩壊、学級崩壊が声高に叫ばれる中で、沈黙する教師たちに浸透する自己喪失症。いじめ事件のたびに論じられる、おざなり的評論…。精神科医が〈子どもの不幸〉をキーワードに、子どもたちの心象風景をとおして、〈いじめ〉の心的構造を分析する子ども白書。河合洋、芹沢俊介、安松輝子、他執筆。　◆A5判並製／176P／本体1800円

❸精神医療論争史 ●わが国における「社会復帰」論争批判　浅野弘毅◉著

障害者の「社会復帰」は「社会的適応と経済的自立」を意味するだけではない。地域にネットワークを形成し、一人ひとりの病の回復に寄り添うケアを探求することこそ「社会復帰」のあるべき姿ではないだろうか。「社会復帰」論争の歴史的再検討を踏まえ、地域リハビリテーションの新たな可能性を提示する。　◆5刷◆A5判並製／216P／本体2000円

❹痴呆性高齢者のこころと暮らし　浅野弘毅◉編

痴呆性高齢者は、何もわからない「恍惚の人」ではなく、自分が壊れていく恐怖に苦しんでいるのです。閉鎖処遇、薬物の大量投与、身体拘束など、デスメーキングの苦悶の中で命を縮めていく高齢者の悩みに真摯に向き合い、彼らのこころを拓き、援助することが、医療・福祉にかかわる人びとの使命なのです。　◆2刷◆A5判並製／204P／本体1900円

❻メンタルヘルスはどこへ行くのか　岡崎伸郎◉編

人間の「こころ」はトータルな概念である。メンタルヘルスは、人間存在をトータルにとらえようとする領域である。気鋭の精神科医が多様な臨床経験をとおして精神医療・保健・福祉の新たな可能性に挑むメンタルヘルス論の新展開。香山リカ、中島直、山崎英樹、塚本千秋、西尾雅明、高木俊介、本間博彰、他執筆。　◆2刷◆A5判並製／256P／本体2000円

❼ひきこもり　高木俊介◉編

子どもたちを「ひきこもり」の世界から解き放つ方法は、精神医学的ラベリングや「治療」という名の強制力で「ひきだす」ことではない。子どもたちの「ひきこもり」に出会い、邂逅し、真摯に向き合うことをとおして、彼らの「ひきこもり」をまっとうさせるための方法をいかに保証するかが、問われている……。　◆4刷◆A5判並製／224P／本体2000円

❽臨床心理の問題群　岡村達也◉編

カウンセリング・心理療法・精神療法、さまざまな症状や症候群、臨床心理士の資格の名が巷に飛び交う臨床心理ブームの背景にある問題を「基礎の問題群」「実践の問題群」そして「倫理・資格の問題群」として捉え、臨床心理が担うべき原点とその実際をあらゆる角度から多面的に明らかにする恰好の入門書。　◆3刷◆A5判並製／224P／本体2000円

❾学校の崩壊 ●学校という〈異空間〉の病理　高岡健◉編

「学校崩壊」が叫ばれて久しい。にもかかわらず、学校は崩壊してはならないものという前提が開かれた学校への通路を閉ざし、学校を閉塞した〈異空間〉に押し込めている。新しいオルタナティブな教育理念を作り出すには〈個〉が〈公〉に呑み込まれることを拒否し、〈個〉をいかに徹底して擁護できるかである。　◆2刷◆A5判並製／176P／本体1800円

⑪人格障害のカルテ［理論編］　高岡健＋岡村達也◉編

人格障害は幼少期から老年期まで変わることのない人格特徴なのか？　状況の変化に応じて変動しうる状態像なのか？　発達障害との関連は？　人格障害は治療の対象なのか？・・・人格障害概念に対する根源的な問いを多様な立場から投げかけ、精神病質＝人格障害概念の脱構築をめざした理論的考察編。◆2刷◆A5判並製／208P／本体2000円

⑫メディアと精神科医　阿保順子＋高岡健◉編

●見識ある発言と冷静な受容のために

事件や犯罪、社会問題の報道に「精神科医」の言説が大きな位置を占め影響を与えている。メディアの中ではそれがどういう仕組みで伝達され、そして何が失われてきたのか。メディアの歴史的・社会的変容を追跡しつつ、精神医療従事者の発信する情報と、その受容の回路がいかに成立するか、その可能性を探る。◆A5判並製／184P／本体1800円

⑮「障害者自立支援法」時代を生き抜くために

岡崎伸郎＋岩尾俊一郎◉編

この国の将来にわたる精神保健・福祉政策の根本問題を、あらゆる視点から浮き彫りにした関係者必読の文献。◎対談「緊急検証・障害者自立支援法体制」広田伊蘇夫×谷中輝雄他、立岩真也、山下俊幸、山本深雪、原敬造、石黒亨、伊藤周平、岡部耕典ほか執筆。資料として「障害者自立支援法要綱」を併録。◆3刷◆A5判並製／176P／本体1900円

⑯動き出した「医療観察法」を検証する

岡崎伸郎＋高木俊介◉編

触法精神障害者には医療と福祉ではなく、監視と予防拘禁の保安処分で対処する、医療観察法の施行後を検証する。岡田靖雄、中島直、小高晃、白澤英勝、長野英子、子、原敬造、有我讓慶中山研一、池原毅和、吉岡隆一他執筆。岡崎伸郎による「よくわかる！　初心者のための？　精神科医療チャート」を併録。◆A5判並製／240P／本体2000円

⑱人格障害のカルテ［実践編］　阿保順子＋犬飼直子◉編

ＭＨＬ１１『人格障害のカルテ＜理論編＞』に次ぐ実践編。医療現場にかかわる医師、看護師、臨床心理士、作業療法士など治療者の側からみた人格障害の諸問題を明らかにするなかで、当事者が己の苦悩を吐露して提起した諸問題に真摯に向き合うことをとおして、引き裂かれる医療現場の困難を明らかにする。◆A5判並製／176P／本体1800円

⑲犯罪と司法精神医学　中島直◉著

精神鑑定とは何か――医療は迅速に、司法は慎重に！　厳罰主義の社会的風潮を背景に、2003年7月に医療観察法が強行採決の末、成立した。医療現場を担う精神科医の立場から、触法精神障害者の医療と司法のあり方を精神鑑定事例の実際をとおして明らかにしつつ、司法精神医学の課題を根源的に検証する。◆2刷◆A5判並製／192P／本体2000円

⑳ゆらぐ記憶 ●認知症を理解する　浅野弘毅◉著

認知症の人は、知的機能の低下、言語の崩壊によって、他者とのコミュニケーションが成立しなくなる。もの盗られ妄想、人物誤認、夕暮れ症候群、作話、鏡現象、偽対話、「幻の同居人」症状など、認知症の人の臨床観察による診断を踏まえて、認知症の人の医療と介護のあり方を理論的・臨床的に解明する。　◆A5判並製／192P／本体2000円

㉑発達障害という記号　松本雅彦＋高岡健◉編

発達障害とは何か。発達障害とは、はたして本当に障害名(病名・診断名)なのか。「どんな不可解なことも、言葉(記号)を見つけ名づけてしまうと、問題は片付いたように思ってしまう」という錯覚誘導装置が精神医学の世界に蔓延しているのではないかという視点から、流布されつつある精神医学概念の再検討を試みる。　2刷◆A5判並製／168P／本体1800円

㉒精神保健・医療・福祉の根本問題　岡崎伸郎◉編

精神科医療と精神保健、そして精神障害者福祉は、それぞれ本来の守備範囲を持ちながらも複雑に絡み合い巨大なフィールドを形成している。精神医療改革が叫ばれて久しいが、現状はむしろ改革に逆行するかのように法、制度、施策は変化している。その流れにおける問題の所在を、総合的·実証的に検証する。　◆A5判並製／176P／本体1800円

㉓うつ病論 ●双極Ⅱ型障害とその周辺　高岡健＋浅野弘毅◉編

うつ病の蔓延、拡散状況のなかでメランコリー親和型うつ病の時代は終わりを告げ、双極Ⅱ型障害（軽躁とうつを反復する気分障害）へと進化するうつ病を多面的に検証する。「精神医療」５２号の特集論文に書き下ろし論考２編を加え、「精神医療」３６号、４２号の特集論文２編を収録し、編集したうつ病論の総集編。◆A5判並製／192P／本体1800円

㉔自殺と向き合う　浅野弘毅＋岡崎伸郎◉編

精神科医療は自殺といかに向き合うのか。自殺とは予防できるものなのか。自殺対策基本法や自殺総合対策大綱は機能しているのか。精神科医療の質的・量的充実と医療機関へのアクセスの利便さ、そしてメンタルヘルスについての普及・啓発によって自殺予防の方法を多面的に検証する。　◆A5判並製／192P／本体1800円

㉕街角のセーフティネット ●精神障害者の生活支援と精神科クリニック
高木俊介＋岩尾俊一郎◉編

「精神科バブル」といわれる現状を批判的に検証しつつ、「街角のセーフティネット」と呼ぶべき豊かな希望が存在している精神科クリニックの未来を展望し、ACTやアウトリーチサービス等、地域精神医療を超えた、精神障害者の在宅ケアと生活支援の新たな拠点としての可能性を考察する。　◆A5判並製／192P／本体1800円

浅野弘毅＋阿保順子◉編

メンタルヘルス・ライブラリー㉖

高齢者の妄想 ●老いの孤独の一側面

高齢者が不遇をかこって孤独と妄想のなかで呻吟している社会の有り様は、「老い」を排除と介護の対象としてとらえ、「老い」の居場所が奪われていることを示している。

寄る辺ない生を生きる高齢者の心的世界を精神医学的考察と臨床によって解読し、妄想のなかに生きざるをえない高齢者の実状にスポットをあてる。

◆A5判並製／144P／本体1600円

松本雅彦＋浅野弘毅◉編

メンタルヘルス・ライブラリー㉗

死の臨床 ●高齢精神障害者の生と死

認知症や精神障害を抱えた高齢者と関わる医療・看護の現場では、ガンの告知やリビング・ウイル（事前指示書）の意思決定について、本人の判断や意思確認はむずかしい。安楽死・尊厳死、平穏死という言葉の背後に潜む死の欲動と、日々、生の終焉に立ち会う医療者の苦悩と逡巡を、臨床の現場から語りかける。

◆A5判並製／176P／本体1800円

岡崎伸郎◉編

メンタルヘルス・ライブラリー㉘

精神保健・医療・福祉の根本問題2

精神保健・医療・福祉分野における法改正や制度改革は、ときに「障害者自立支援法」や「心神喪失者等医療観察法」のように時代の流れに逆行する施策によって障害者や従事者に多大な影響を及ぼすことがある。この国の社会保障制度のグランドデザインをどう描くのかという焦眉の課題を実現するために、現状の法・制度・施策の内実をトータルに検証する。

◆A5判並製／168P／本体1800円

山内俊雄＋作田亮一＋井原 裕◉監修
埼玉子どものこころ臨床研究会◉編

子どものこころ医療ネットワーク

●小児科＆精神科 in 埼玉

メンタルヘルス・ライブラリー㉙

医師と医療機関による柔軟なネットワークによって、多様な医療ニーズに応えよう——医療崩壊が焦眉の課題として問題視されているなかで「子どものこころ臨床」の一つのありかたを指し示す、埼玉での試みを紹介します。

◆A5判並製／204P／本体1800円

高岡健＋中島直◉編　メンタルヘルス・ライブラリー㉚

死刑と精神医療

拘禁反応によって死刑が執行できない死刑囚を精神科医が治療するということは、精神的、身体的に健康状態にしてから執行するという、人の命を救うための医療が死刑のための医療となってしまうことになる。世界精神医学会（WPA）が「マドリード宣言」で死刑廃止の方向を打ち出したなか、死刑制度と精神科医療をめぐるさまざまな領域に焦点を当てた書き下ろし総特集。　◆A5判並製／240P／本体2000円

柴田明彦◉著　メンタルヘルス・ライブラリー㉛

父親殺害●フロイトと原罪の系譜

フロイトのエディプス・コンプレックス論を基に、人類史の初源における唯一、全能の神の殺害と復活が織りなす壮大なドラマツルギーをとおして、ヨーロッパ近代における資本主義の勃興に始まる精神病（統合失調症）の発症－精神医学の誕生という基層文化の劇的転換過程の実相を跡付け、錯綜し重層化する現代世界史の構造と社会の変容を省察する。　◆A5判並製／208P／本体1900円

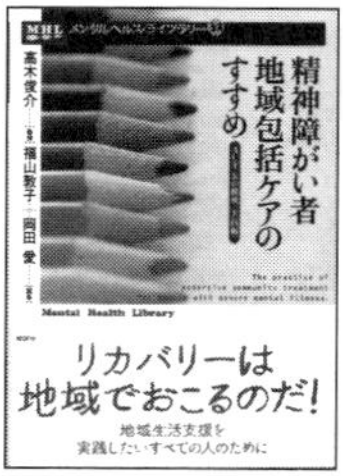

高木俊介◉監修　福山敦子＋岡田愛◉編

精神障がい者地域包括ケアのすすめ

●ACT-Kの挑戦〈実践編〉　メンタルヘルス・ライブラリー㉜

精神障がい者のリカバリーは地域でおこるのだ!　「医学モデル」から「生活モデル」へ、予防・治療・生活支援を統合的に行う包括ケアシステムに移行しつつあるなかで24時間365日、精神障がい者へ包括的な地域生活支援を提供する、ACT-Kの現場を担うスタッフがさまざまなケースをとおしてレポートした実践編。◆A5判並製／208P／本体1800円

太田順一郎＋岡崎伸郎◉編　メンタルヘルス・ライブラリー㉝

精神保健福祉法改正

精神保健福祉法2013年改正は「改正」だったのか?!――精神保健福祉法2013年改正では、強制入院の責任の一端を家族に負わせる制度が撤廃され、歴史的大転換を遂げることが期待されていた。しかし結果は、医療保護入院の入院基準を緩和する“改正”でしかなかった。精神保健福祉法2013年改正を多様な視点から検証し、抜本的制度改革の方向性を提示する。　◆A5判並製／208P／本体1800円

香山リカ＋岡崎伸郎◉著 *Psycho Critique 1*

精神科医の本音トークがきける本

●うつ病の拡散、司法精神医学の課題から、震災後のこころのケアまで

好評既刊に約80ページの特別対談を加えた待望の増補改訂版！世界を震撼させた東日本大震災と福島原発事故。被災地で診療し続けた岡崎医師と、津波のつめ痕を行脚した香山医師。気鋭の精神科医が震災下のこころのケアをとおして危機の時代の生き方を語り合う。　新装増補改訂版◆四六判並製／280P／本体1800円

スピリチュアル・メンタルヘルス

蓮澤一朗◉著

Psycho Critique 2

●憂鬱な身体と進化する心の病いの快復

スピリチニアルとは、多くの治療上の行き詰まった局面において、双方が窮し、追い込まれ尽くしたあとに生じる、ある確かな響き合いの瞬間であり、必ずといっていいほど我が身の震えるような、共振を伴う性質のものです——。スピリチュアルな精神療法を知るための14章。　◆四六判並製／192P／本体1500円

やさしい発達障害論

Psycho Critique 3　高岡健◉著

発達とは何か。成長とは何か。発達障害とは何か。「発達や成長とは、何かを獲得していくばかりではなく、大事なものを捨てていく過程でもあるのです」。自閉症スペクトラムやアスベルガー症候群など発達障害（「軽度発達障害」）といわれる子どもたちへの治療と支援の入門書。　5刷◆四六判並製／176P／本体1500円

精神看護という営み

阿保順子◉著

Psycho Critique 4

●専門性を超えて見えてくること・見えなくなること

精神看護とは何か。看護の専門性とは何か。こころ病む人びとを看護するとはどういう営みなのか。人間精神の有り様は、生活環境の影響やその人固有の性格など多岐にわたる。統合失調症、認知症、境界性人格障害、うつ病の患者たちの精神看護の実践と、臨床現場における看護理論を明らかにする。　2刷◆四六判並製／208P／本体1500円

ACT-Kの挑戦

高木俊介◉著

Psycho Critique 5

●ACTがひらく精神医療・福祉の未来

ACT（アクト・包括型地域生活支援）とは、多様な価値観が共生する世界を目指して、国家・組織・個人などの異なる利益を調整し、地域的な問題解決に取り組む、〈グローバル福祉ガバナンス〉として未来を切り拓くためのシステムである。京都において24時間365日、医療と福祉の一体化した訪問サービスを提供するACT-Kの実践レポート。

5刷◆四六判並製／152P／本体1500円

教育臨床論

伊藤直樹◉編

●教師をめざす人のために

Psycho Critique 6

教師をめざす人のための教育はいかにあるべきか?特別支援教育の子どもたち、ひきこもり、社会恐怖(社会不安障害)と強迫性障害、摂食障害、境界性人格障害、そして統合失調症などの精神疾患の子どもたちへの関わりをとおしてそれぞれの教育臨床論を検証する。

【執筆】倉島徹、田中志帆、中野良吾

3刷◆四六判並製／224P／本体1700円

やさしいうつ病論

Psycho Critique 7

高岡健◉著

うつ病は、自分と自分との間の折り合いに悩むことを、本質とする病気です。現在、うつ病は軽症化・非定型化するとともに、混合状態を示すようになっていますが、この本質はかわりません。本書は、新自由主義がもたらした息苦しさのもとでうつ病が蔓延し拡散するなかで、うつ病とは何かを、うつ病論の思想をとおして解読する入門編です。

◆四六判並製／176P／本体1500円

芹沢俊介◉著

家族という絆が断たれるとき

Psycho Critique 8

社会の底が抜けた「個人化の時代」は、家族や地域、学校や会社でのコミュニケーションの場が喪失し、すべてが個人の中に自己領域化され、相互の関係が遮断していることを意味している。子どもたちの内面を正面から受け止める安心と安定の家族関係の構築を、子どもたちの「いま」をとおして考える。◆四六判並製／200P／本体1500円

少年非行

羽間京子◉著

●保護観察官の処遇現場から

Psycho Critique 9

非行は特定の原因によるものではなく、さまざまな要因が絡まり合って生じる現象である。実際、処遇現場から伝わってくるのは、彼／彼女らの社会や大人への不信や拒絶の背後にある哀しみと希望である。保護観察処遇の多様な事例をとおして少年非行と子どもたちの現在を考える。

◆2刷◆四六判並製／192P／本体1500円

近代という病いを抜けて

仲野実◉著

●統合失調症に学ぶ他者の眼差し

Psycho Critique 10

隔離収容主義によって巨大病院に閉じ込められた統合失調症の人びとの地域移行をすすめる過程で生まれた「ガンバロー会」の人びととの触れ合いをとおして、近代を超えるのではなく、近代を抜けるという困難な課題に挑んだ精神科医の、ウィットとユーモアに満ちた実践記録。

◆四六判並製／280P／本体1800円

自閉症論再考

Psycho Critique 11

小澤 勲◉著

自閉症とは何か。自閉症研究に心血を注いだ小澤勲が独自に切り開いた実践的自閉症論の講演記録「自閉症論批判」と論文「わが国における自閉症研究史」を収録し、児童青年精神医学の臨床医・高岡健と児童文化研究者・村瀬学によるユニークな解説を付して、「自閉症とは何か」の本質に迫る。

◆四六判並製／180P／本体1700円

加藤進昌+岩波 明◉編
精神鑑定と司法精神医療　Psycho Critique 12
精神鑑定は、精神科医の診断とどこが違うのか。刑法39条は、本当に被告人の利益なのか。医療観察法は治療目的なのか、保安処分なのか。医療観察法は、精神保健・医療・福祉行政とどうつながっているのか。精神鑑定の具体的事例をとおして、精神科臨床医、司法関係者、ジャーナリストが各々の立場から徹底討論する。◆四六判並製／168P／本体1700円

だから、あしなが運動は素敵だ
玉井義臣◉著
Psycho Critique13
母の事故死と妻のガン死がすべての原点と語る市井の社会運動家が、痛みを共有するすべての遺児たちに語り続けた魂の記録。「あしながさん」に深甚な敬意と謝意を払い、世界の遺児たちを支援・救済し、「理想的社会」実現へのロード・マップを示す——玉井義臣の現在・過去・未来40年の歴史が凝縮した一冊。
◆四六判並製／414P／本体1600円

森田療法のいま
青木薫久◉編著
●進化する森田療法の理論と臨床
Psycho Critique14
森田療法は日本の伝統的な精神療法として精神医療の根幹を支えてきた療法であり、近年は国際的な関心の的にもなっている。森田療法の先端的な治療活動に携わる中村敬先生との対談をとおして、森田療法の新領域を分かりやすく解説する。◆四六判並製／176P／本体1700円

芹沢俊介+高岡健◉著
Psycho Critique15
「孤独」から考える秋葉原無差別殺傷事件
「誰でもよかった」という告白の背後に潜む殺意は、家族という絆が断たれたときの衝動に根ざしている。「引きこもれなかった若者たちの孤独」をキーワードに、家族の変容から無差別殺傷事件へ至るプロセスを具体的に解明しながら、事件の真相を家族論的考察と精神医学の知見によって再検証する。
◆四六判並製／192P／本体1700円

市民のための精神鑑定入門
髙田知二◉著
●裁判員裁判のために
Psycho Critique16
日本の刑事裁判においては、被疑者の責任能力の判断が大きな要素を占めている。精神鑑定をめぐる問題は多岐にわたるが、これから裁判員になるであろう多くの市民にとって精神鑑定は避けてとおることのできない問題である。鑑定結果は裁判にどのような影響をもたらすのか。現役の鑑定医が精神鑑定の全貌を分かり易くまとめた入門編。◆四六判並製／224P／本体1700円

解　Psycho Critique17
加藤智大◉著
2008年6月8日、私は東京・秋葉原で17名の方を殺傷しました。
〜〜私はどうして自分が事件を起こすことになったのか理解しましたし、どうするべきだったのかにも気づきました。それを書き残しておくことで、似たような事件を未然に防ぐことになるものと信じています。[本文より]
◆3刷◆四六判並製／176P／本体1700円

芹沢俊介◉著　*Psycho Critique18*

宿業の思想を超えて ●吉本隆明の親鸞

この本は、親鸞と吉本隆明という、世界に屹立するたぐいまれな思想家（革命思想家）が、時空を超え、二人して遠くまで考察してきた悪と悪の彼岸の問題について、私なりに理解を深めようとしてきた、その思考の歩みを提示したものである。ここに至る過程が、その貧しさにおいて誰のものでもない私自身の足を使ってたものであることは、ひそかに誇っていいと思っている。［本文より］

◆四六判並製／176P／本体1700円

岡崎伸郎◉著　*Psycho Critique19*

星降る震災の夜に ●ある精神科医の震災日誌と断想

「3.11」は寒い日だった～大災害の時、中くらいの被災者がもっとも饒舌になる。自分の安全だけは何とか確保されて、周囲を観察する余力が僅かに残されているからだ～その立場だからこそ、状況を見つめ、考え、語る務めもあろう（本文より）。

東日本大震災の渦中で診療を続けたひとりの精神科医が、東北人のメンタリティを発信する。

◆四六判並製／224P／本体1700円

高岡健◉著　*Psycho Critique20*

続・やさしい発達障害論

2012年7月20日、大阪地裁はアスペルガー症候群と鑑定された男性に求刑を上回る20年の判決を言い渡した。「発達障害」という医学的ラベリングが一人歩きして、学校や地域で、さらに事件と犯罪にまで拡大解釈されている現状に警鐘を鳴らし、発達障害概念の再検討を踏まえて刑事裁判の実相を検証し、支援と援助の必要性を説く。

◆四六判並製／224P／本体1700円

加藤智大◉著　*Psycho Critique21*

解＋ ●秋葉原無差別殺傷事件の意味とそこから見えてくる真の事件対策

私は、事件は起こすべきではなかったと思っていますし、ご遺族や被害者の方のことを思えば心が痛みます。……

私は、事件は防げるものだと思っています。ただし、「誰かが何とかしてくれる」ものではありません。「自分で何とかする」ものです。この本が、考えるきっかけになってくれれば、と思います。

◆四六判並製／184P／本体1700円

礫川全次◉著　PP選書[Problem&Polemic：課題と争点]

日本保守思想のアポリア

近代日本に保守主義は存立しえるのか?!　「尊皇攘夷」を錦の御旗に、倒幕・権力奪取した明治維新政府は、一方で近代化・欧化政策を推し進め、王政復古の保守主義を解体しながら、明治欽定憲法を制定し、アジア支配へ向けた覇権国家として新たな保守主義を蘇生させた。その断絶と継承を支えた「國體」という虚構のイデオロギーをとおして近代日本の保守思想を解剖する。◆四六判並製／200P／本体1800円

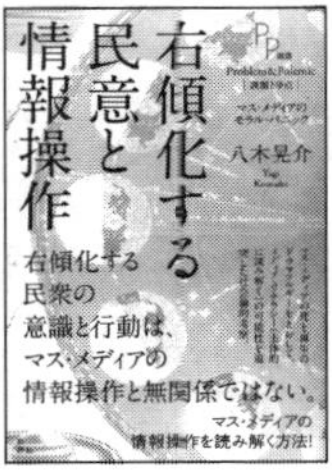

八木晃介◉著　PP選書[Problem&Polemic：課題と争点]

右傾化する民意と情報操作

●マス・メディアのモラル・パニック

メディアに公表される世論調査のデータ・トリックと世論誘導は不可分である。東日本大震災とフクシマの報道に見られた安全キャンペーンは、原子力ムラの温存以外のなにものでもなかった。マス・メディアの死と再生のドラマツルギーをとおしてメディア・リテラシーの可能性を追究した社会論的考察。◆四六判並製／216P／本体1800円

礫川全次◉著

攘夷と憂国 ●近代化のネジレと捏造された維新史

尊王攘夷を掲げ倒幕・権力奪取に成功した「維新政府」は、開国和親を表明し、欧化主義を選択した。近代化のネジレを象徴する神戸事件に直面した「維新政府」は外圧に屈するが、この事実は巧妙に隠蔽された。外圧と内紛の激動期を生きた幕閣・幕臣および志士たちの思想と行動を克明に跡付け、捏造された維新史を大胆に検証する。◆四六判上製／288P／本体2500円

星 亮一◉著

幕末日本のクーデター

●錦旗に刻印された官軍の野望

尊皇攘夷の志士たちは、孝明天皇の突然死を機に、開国・欧化・倒幕へと一変した。密謀で結託した薩長軍はクーデターで幕府・会津を京都から追放し、幕府を徹底的に瓦解させ、明治藩閥政府を成立させた。孝明天皇天皇暗殺説まで流布された、明治維新の裏面史を諸説・諸資料を網羅して明らかにする。◆四六判並製／280P／本体1800円

礫川全次◉編著 歴史民俗学資料叢書【第Ⅲ期・全5巻】

第1巻 ゲイの民俗学

女装とハード・ゲイとが共存する戦後日本の同性愛文化の謎に迫る。近代の〈男色〉から、戦後の〈同性愛〉への流れに着目しながら、昭和20年代の論考を中心に計23篇を収録。ゲイとレズ、性と生の象徴的意味を解読する。解説篇として礫川全次による「引き裂かれた同性愛——三島由紀夫における愛と錯誤」を巻頭に収録。

◆A5判上製／288P／本体4500円

第2巻 病いと癒しの民俗学

疾病や狂気が排除され、死が隠蔽された日常とは、〈癒し〉が忘れられた世界にほかならない。癒しが日常の世界から消失した今日、近代日本における医の歴史を歴史民俗学の手法で解読し、病いという苦悩を癒しと安穏の世界へ転換する民衆の心意を照射する20文献を収録した資料集。

◆A5判上製／240P／本体4000円

第3巻 性愛の民俗学

日本を代表する民俗学者・柳田國男は、人類史の初原にかかわる性愛の分野においてもその炯眼によって基層文化の深淵から注目すべき視点を抽出していたが、ついにそうした研究を極めることはなかった。近代日本国家のイデオローグ・柳田國男が考究を忌避した《性愛の民俗学》の空隙を埋める論考を網羅的に収録した研究者必読の文献である。

◆A5判上製／248P／本体4000円

第4巻 穢れと差別の民俗学

〈穢多〉に対する差別は、江戸後期以降、歴史的・社会的要因によって激化したが、その際、民衆の差別意識を支えたのが、〈穢れ＝ケガレ〉の観念であった。日本語である〈ケガレ〉と仏教に由来する〈穢〉観念の倒錯した、穢（え）＝穢れ＝ケガレの形成過程を検証しながら、差別の実相とナショナリズムの本質に迫る。

◆A5判上製／200P／本体3500円

第5巻 ワザと身体の民俗学

心身・身体への関心の高まりの背後には、人間存在への抜き差しならない不安と焦燥に怯える民衆の姿がある。不分明な時代の転換期に、ワザと身体、身体感覚、身体意識、心身相関の諸相を、芸能・技術関係の研究や文献を網羅し検証することによって、この現代の危機の実相を解読し、自然と人間との新たな相互関係を構想するための資料集。

◆A5判上製／248P／本体3800円

歴史民俗学資料叢書 第Ⅲ期解説編 身体とアイデンティティ

第Ⅲ期全五巻の「解説」「あとがき」に加え、本叢書全一五巻に未収の重要資料を補い、末尾に全一五巻の完結を踏まえての〈補論〉を付す。

◆A5判並製／224P／本体2000円

●サンカ学叢書 第5巻

利田敏・堀場博・礫川全次 ◉編著

サンカ学の過去・現在、そしてこれから

幻の民・サンカとは、いにしえの時代から存在した制外の民か、幕末・維新の混乱期に登場した無頼の徒か。実像と虚像が交錯するサンカの原像を求めながら、サンカ学の可能性を検証する。資料編としてブランゲ文庫の貴重な資料を付す。成本真衣子の歌『サンカ』のCD付き！　◆A5判上製／208P／本体2000円

歴史民俗学研究会 ◉編

歴史民俗学19号　特集●極楽行きのノウハウ

死と極楽への未来学特集。巻頭グラビア／河内往生院・信州善光寺・岩手県前沢町火葬場／インタビュー・ホトケを送って35年／自殺の作法・川部裕幸／墓はなくても極楽往生できる・勝村公／河内往生院の創建・小林義孝／人魂は死人の魂・片山美洋／来世に導く円空仏・池田勇次／南房総の葬送儀礼・田村勇／他。

◆2刷◆A5判並製／口絵4頁144P／本体1500円

久慈力◉著　●遙かなる縄文の風景2

大和朝廷を震撼させた 蝦夷・アテルイの戦い

自然とともに共生社会を築いていた東北エミシを征服しようとする大和朝廷と戦ったエミシの頭領・アテルイの生き方に学ぶ格好の入門書。征夷大将軍坂上田村麻呂は朝廷軍を従えてエミシ征討に赴いたが敗退し、懐柔と謀略でアテルイとモレを誘い出し、河内国杜山で斬殺した。遙かなる縄文の風景を生きたアテルイとモレの血脈が、いまだに東北の末裔に生き続けている。 ◆12刷◆四六判上製／224P／本体1800円

大野七三 ◉校訂編集

先代旧事本紀　訓註

『記紀』と並んで三大古文献と言われた『先代旧事本紀』は、江戸時代、一部の国学者が偽書と断定したことから今日に至るまで葬られてきた。最も古いとされる卜部兼永の写本（天理図書館蔵・国重要文化財）を解読し、活字化して訓註を付した『先代旧事本紀訓註』（十巻本）の復刻版。古代史研究者必読の文献。

◆8刷◆B5判上製函入／312P／本体8000円

加藤智大◉著

東拘永夜抄

秋葉原無差別殺傷事件から5年半——時間の経過と環境の変化が私を変えたのです。〜私は異常なモンスターではありません。私は異常な環境に適応した、正常な人間なのです。……「だから事件を起こすのは仕方ない」のではありません。そうではなく〜自分という人間がどのような人間で、自分をどのようにコントロールするべきなのか、自分を理解していなかったことが問題なのです。 ◆四六判並製／192P／本体1700円

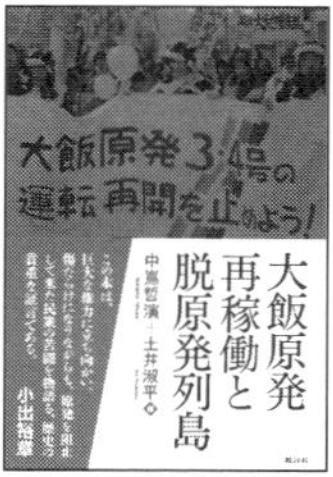

中嶌哲演・土井淑平◉著

大飯原発再稼働と脱原発列島

歴史の多くは権力が書き残す。国家と巨大産業、マスコミも一体となって進められてきた日本の原子力。60基近い原子力発電所が作られ、2011年には福島原発事故も防げなかった。

しかし、権力の巨大な力に立ち向かい、傷だらけになりながらも原発を阻止して来た民衆の苦闘もある。忘れたくない歴史の貴重な記録書。[小出裕章] ◆2刷◆四六判並製／240P／本体1800円

笹目秀光◉著　*Psycho Critique22*

患者学入門

入院していると、世間一般と同じようにさまざまなことが身辺で起きる。〜デマ、でっちあげ、暴力、挑発、風評など、個々の精神障害者にとって不利益なことがたくさんある。〜精神科病院に入院しても、本人に病気を治す気持ちがあるのかどうか、がもっとも大切なことだと思う。[病院のなかの不条理]より。こころ病むひとたちが街で普通に暮らすためのヒントやアドバイスを与えてくれる一冊。 ◆四六判並製／184P／本体1400円

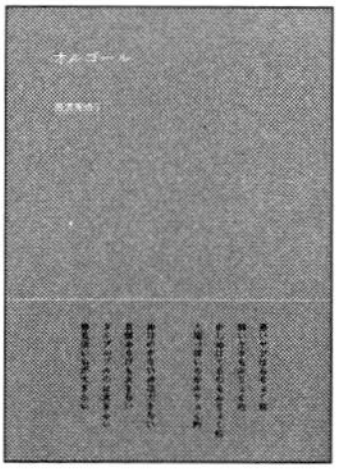

西沢実甫子◉著

オルゴール

たんぽぽの咲く土手は／千曲川の見える土手／桜が白くけむって／なの花が縞もようを作る／つけばの人が　3人　4人／山と空との／紫のベールを／ひばりがもちあげる
東京・小石川で生まれ、思春期から詩と短歌に造詣を深め、戦争を間に多感な時代を生きた、一人の才ある女の一生を物語る珠玉の詩と、生活の記憶のエッセイ集。 ◆四六判上製／176P／本体1400円

島崎義孝◉著

人間学的福祉論 ●木の生き方に学ぶ

孔子の弟子「敢えて死を問う」——師曰く「未だ生を知らず、いずくんぞ死を知らん」——。

人間社会をもっとも根底的なところで成り立たせている宗教社会学的な考察をテーマとする視点から、現代社会の歪んだ構造とそこから逸脱せざるをえなかった人びとを救済する社会福祉の思想と運動を理論的実践的に解明した現代福祉論。 ◆A5判並製／272P／本体2500円

磯川全次◉註記・解題

安重根事件公判速記録［翻刻版］

なぜ安重根は、中国東北部のハルビン駅頭で初代韓国統監・伊藤博文を殺害したのか。この事件は、日本の公爵伊藤博文が中国で韓国人に殺害されるという複雑な国際関係のなかで起こった事件であり、日本人の二人の弁護士が日本の法体系では裁判できない論拠を公開裁判で思う存分展開した。貴重な初版本を忠実に翻刻し、註記と解題を付し、事件の全貌を解読する。 ◆A5判並製／224P／本体2700円

安本美典◉編

奇書『先代旧事本紀』の謎をさぐる

奈良時代から平安初期に成立した歴史文献は、『古事記』『日本書紀』など十指に満たないが、『先代旧事本紀』は、その十指に入る、古代の豪族物部氏研究に不可欠の貴重な史書である。しかし「偽書」の声も強く、本格的な研究にとぼしい。本書は、不遇な史書『先代旧事本紀』の主要研究を網羅的に整理し、集大成した研究者必読文献である。 ◆2刷◆四六判上製／384P／本体3200円

安本美典◉監修 志村裕子◉現代語訳

先代旧事本紀［現代語訳］

『先代旧事本紀』（十巻）は、『古事記』・『日本書紀』と並ぶ三大通史書であり、自然や祭祀と密接な古代人の精神文化を背景に、物部氏の立場から日本古代を通史的に記したものである。

最古とされる卜部兼永の写本（天理図書館蔵・国重要無形文化財）の現代語訳に詳細な註記を付し、謎多き古代史の実相を解き明かす研究者必読文献。 ◆2刷◆A5判上製函入／616P／本体6800円

加藤智大◉著

殺人予防

事件の再発防止に真摯に取り組むためには、自殺から殺人にいたるまでの複雑な心的現象を解析しなければならない。「秋葉原無差別殺傷事件や自殺企図、……殺人から自殺まで、人の命が失われる事件が起きるメカニズムは全て共通です。というよりそれらを含めたあらゆる行動のメカニズムが一緒なのです。それを理解できてはじめて正しい事件対策ができます。」(「本文」より)　◆四六判並製/240P/本体1700円

新井 勉◉著　PP選書[Problem&Polemic:課題と争点]

大津事件 ●司法権独立の虚像

司法権独立を墨守した裁判史上輝かしい事件だとされる大津事件は虚像にすぎない。実際は、政府は大審院に強く圧力をかけ、大審院長児島惟謙は、司法大臣に三蔵を死刑にする緊急勅令の発布を求めていた。このとき大審院は政府の圧力に屈したといっていい。基礎的資料を綿密に検証して通説の虚像を突き崩し、核心に迫る事件の真相を抉り出した研究者必読文献。　◆四六判並製/224P/本体1800円

宮田敦司◉著　PP選書[Problem&Polemic:課題と争点]

中国の海洋戦略 ●アジアの安全保障体制

飛躍的な経済成長を遂げて膨張する中国の海洋戦略は、アジアの安全保障体制にどのような影響をもたらすのだろうか。

尖閣列島問題や竹島問題を抱える日本は、中国の海洋戦略を冷静に分析して沈着な態度で臨まなければならない。元航空自衛官が検証図版・写真を多用して、中国の海洋戦略を分析し、アジアの安全保障体制を検証する。　◆四六判並製/184P/本体1800円

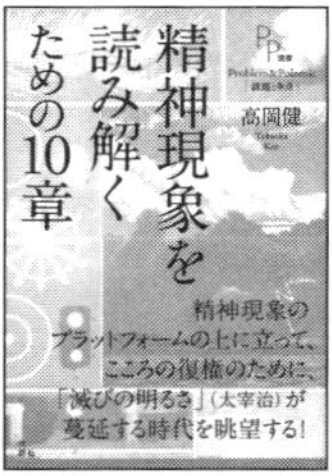

高岡 健◉著　PP選書[Problem&Polemic:課題と争点]

精神現象を読み解くための10章

社会の中の精神現象のプラットフォームの上に立って、こころの復権のために、「滅びの明るさ」(太宰治)が蔓延する時代を眺望する!

精神科医の視線から現代の政治やスポーツ、医療、犯罪、文芸などの多様な精神現象と専門家集団の知の荒廃を解読し、思想の復権を提示する。

◆四六判並製/248P/本体1900円

10 なぜ映画『A』だったのか

礫川●森さんが、KYになったキッカケというのは、何かあったんですか。

森●先天的にKYですから。『A』について言えば、そもそもはフジテレビで放送が予定されていたテレビドキュメンタリーです。でも撮影が始まって早々に中止を言い渡されて、それで仕方なく映画にしたんです。使命感とかモティベーションとかはほとんどないです。

オウム真理教事件が起きた一九九五年は、ウィンドウズ95が出た年でもあると言いましたが、この年はデジタルカメラの民生機が初めて発売された年でもあります。それまではENG（Electronic News Gathering）といって、普通にカメラマンがいて、ビデオエンジニアもいて、あの大きなガンマイクを持ってというクルー体制だったのが、自分ひとりでも撮ることが可能になった。もちろんそれまでもハイ8などのカメラはあったけれど、デジタルカメラの画像は圧倒的ですから。だから局のバックアップがなくなっても撮り続けることができた。

礫川●撮りつづけた理由は？

森●当初は他のテレビ局で放送できるだろうと思っていたからです。だけど結局は、他の局からもすべて断られた。だから泣く泣く「映画」にしたんです。本当はテレビで放送したかった。

礫川●とはいえ、森さんが、あえてKY的な形で発信されてきたことを、理解し共感される方も多かったと思うのですけど、その辺の感触はいかがですか。

森●『A』は、プレミアムという最初の上映が、山形ドキュメンタリー映画祭でした。上映前には、僕とプロデューサーの安岡卓治《たかはる》は、さすがに緊張しました。当時のオウムは右翼からも激しく憎悪されていたし、村井さん刺殺事件もあったし、もちろん社会全般からは激しく憎まれているし、決してオウム寄りの映画を撮ったという思いはないけれど、さすがにこれで自分も公共の敵として認知されるかもしれないとは思っていました。まあでもそうなったらなったで、田舎に帰って就職先を探そうとか、そんなことを考えていたように思います。

でも上映が終わった後の質疑応答で、ひとりの年配の男性が感想を言ってくれました。「始まる前は、これを見ちゃったら洗脳されるのではないかと思って、怖くてしようがなかったけど、見てよかったです。ありがとう」って。とても嬉しかった。今でもよく覚えています。

でも、その後に公開が始まるわけですけれど、動員が全然伸びないんです。それは、『A』も『A2』もそうですけれどね。メディアもあまり取り上げてくれないし。動員的には本当に全然だめでした。

礫川●オウム真理教を映像化しようとする以前に、オウム真理教というものに関心を持たれたような段階がありましたか。

森●全然ないです。

当時の僕は、フリーランスのテレビディレクターでした。自分で企画を立てて、自分で局や制作会社にプレゼンテーションをして、通れば仕事になるというスタンスです。ところが三月二〇日以降は、どんな企画を持っていっても通らない。還暦過ぎたプロレスラーとか大家族とか、いくつか企画はあったんですけど、まったく相手にされない。とにかく何でもいいからオウムの企画を持ってこいという雰囲気の時代です。実際にこの時期は、オウム特番が毎日のように放送されていました。ちょうど三人目の子どもが生まれる直前でした。だから仕方なく、たいして興味もないけれど、生活のためにオウムを撮るしかないと考えました。

でも何をどのように撮るのか。ドキュメンタリーですから被写体が必要です。麻原彰晃や幹部信者のほとんどは逮捕されていて撮れない。だから残っている信者を撮ろうと思って、広報副部長の荒木浩さんに連絡

森達也監督　ドキュメンタリー映画『A』(1998)

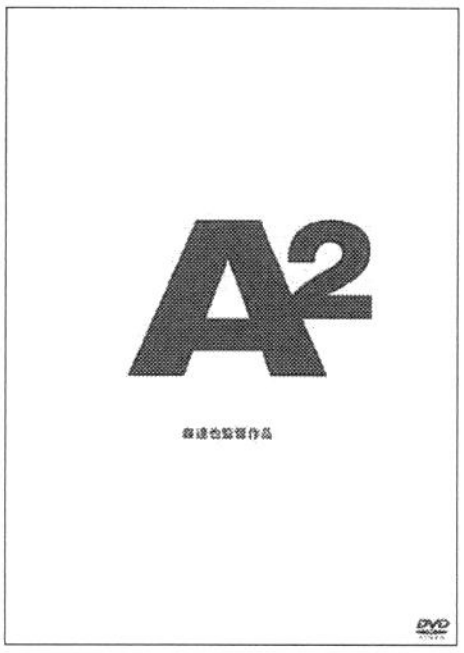

森達也監督　ドキュメンタリー映画『A2』(2001)

をとって了解をもらって撮り始めたという経緯が最初です。オウム真理教が撮りたくて撮ったわけでも何でもないんです。

磔川●そうしますと、あくまでも仕事として、映像という仕事の素材としてということですね。

森●仕事のためにやむなくという感じです。もともと宗教には、それほど興味はないし、どちらかというと、宗教に嫌悪感を持っていましたから。

磔川●そういうことで、ようやくオウムを撮りはじめたのに、今度は、それがテレビ放映されそうもないということで、そこからまた、人生が変わっていったということでしょうか。

森●荒木さんのOKが出たので施設でロケを二日終えた段階で制作会社のプロデューサーからいくつか条件をつけられます。反オウムのレポーターを付けろとか、信者を撮るなら同じ分量だけ被害者遺族を撮れとか。これに対しては正面から否定するのではなくて、被害者が必要と思ったら撮りますとか、レポーター付のドキュメンタリーはやったことないから自信がないとか、そういう言い方をしていたら、こいつはちょっと危険だということで中止になってしまいました。これには伏線があります。例のTBS事件です。TBSのワイドショーが坂本弁護士一家殺害事件の発端になっていた[*37]。しかも結果としてTBSは、そのことをずっと隠していました。

TBSがこの事実を隠していたと、今、僕は言ったけれど、TBSという一人の人格があったわけじゃない。正確にはTBSのワイドショー関係者の一部が隠していたということです。TBSがようやくその事実を認めたのが、一九九六年三月二五日です。僕はロケ二日目でした。

あの時もまさしく、昨年の朝日新聞バッシングと同じように、全メディアがTBSを激しく叩きました。

磯川●まさに足蹴にするといった感じでしたね。

森●TBSが事実関係を認めた三月二五日の夜、『筑紫哲也NEWS23』の冒頭で、筑紫哲也さんがとても沈痛な表情で、「きょう、TBSは死にました」と発言しました。その映像は今も覚えています。

でもTBSを叩きながら、テレビ各局は「うちもやばい」と思うわけです。だってそれまでオウム真理教については、他の局も相当に乱暴な取材や表現をしていました。これはテレビじゃないけれど、オウムは核兵器を持っていると断定した週刊誌もありました。とにかく何を言っても書いても、オウムからは抗議が来ない。当時のオウムはそれどころじゃないわけです。誰も事実を見極められない。当然ながら刺激的な情報を提供すれば、部数は上がるし視聴率も伸びる。だからやり放題、書き放題、出し放題です。

だからテレビ各局はTBSを叩きながら、自分たちだって叩かれればいくらでもホコリが出る

＊37　一九八九年一〇月二六日に、TBSのワイドショー番組『3時にあいましょう』のスタッフが、坂本堤弁護士に対するインタビューを撮ったビデオ映像を、オウム真理教幹部に見せた事件。これによって、坂本弁護士のオウム批判を知ったオウムは、同年一一月四日に、坂本弁護士一家殺害事件を起こした。

と思っていたはずです。こうしてオウム真理教の報道は、この事件後に一気に変わります。簡単に言えば、取扱注意となりました。幹部信者のインタビューを、視聴者が洗脳されるからとの理由で放送しなくなったのもこのとき以降です。だからフジテレビでも、森というディレクターが撮っているオウム真理教のドキュメンタリーはまずいのではないかという声が、おそらく出たんだと思います。実際に、当時所属していた共同テレビジョンの制作部長から言われました。とにかく、思いきり反オウムにしなければ放送はできないと。

礫川●フジテレビは、森さんが撮ろうとしている、その意図や方向性に、多少の疑惑を抱いたんでしょうか。それともオウム真理教という対象そのものがよくなかったんでしょうか。

森●意図や方向性はわからないと思います。だって撮り始めて二日ですから。僕にもまだわからない。

礫川●意図や方向性は、つかめてないわけですね。

森●要するに深くコミットするだけでもまずいという判断だったと思います。結局共同テレビジョンを首になったあと、それまでに撮った映像を少し編集して、テレビ各局のプロデューサーやデスクや報道関係者を回って見てもらったんですけど、結果としてはどこもだめでしたね。ほぼ門前払いに近かったです。

礫川●やっぱり、ＴＢＳ問題っていうことですか。

森●それは大きいです。でもそれだけじゃなくて、僕の映像を見れば、オウム真理教の信者が

「普通の人間」であることが、明らかにわかるわけです。それではまずい。彼らはやっぱり、「異質な存在」でなければならない。

――社会通念からすれば、異質な犯罪者集団でなければならないという感じなのでしょうね。

森●はっきりとは言われなかったけれど、そういうことだと思います。当時のメディアは、これは別にテレビに限りませんが、オウム事件を報道する際に、二つのレトリックしか使わなかった。ひとつは凶暴・凶悪な集団。そしてもうひとつは、麻原彰晃に洗脳された危険な集団。このどちらか、もしくは双方のミックスです。なぜならこれは社会の願望でもあるわけです。ところが僕の映像を見たら、少なくとも彼らはそのどちらでもないということがわかってしまうわけで、テレビとしては、それはＮＧなんだと思います。

磔川●オウム真理教団について、凶暴、凶悪な集団とか、洗脳された集団といった評価をするのであれば、神憑りになって戦っていた戦争中の日本人も、似たようなものだということになるんだけど、なぜか日本人は、そういう発想はしませんね。

森●今の北朝鮮やイスラム国に対しての視点もそうですね。

磔川●オウム真理教団だけを特化してしまう。

森●はい。

磔川●これはやっぱり宗教じゃない、犯罪者集団、狂信集団だと。じゃあ、戦前、戦中の日本は狂信じゃなかったのか……。

私が、こういった発想を最初に公にしたのは、一九九五年六月のことで、そのとき、「一国民全体に生じ得た狂気は、当然一教団においても生じ得る」と書いたんですが、[*38] こうした発想は、なかなか共感してもらえません。

*38 『戦後ニッポン犯罪史』(批評社)の初版(一九九五年六月二五日、脱稿は三月二七日)の「地下鉄サリン事件とオウム真理教」の項の末尾に私は、次のように書いた。「今回強制捜査を受けたオウム真理教という教団を見て、私は戦争末期の日本を連想せざるを得なかった。天皇を崇拝し、そのために生命財産を投げ捨てる国民。神州不滅を信じ、にもかかわらず一億玉砕を叫ぶ国民。天皇一人になるまで戦争は続くだろうと覚悟した国民。これらに若干の疑問を抱いても、それを表明しなかった国民。あるいはその疑問を表明した人を非国民として糾弾し、隔離した政府。風船爆弾に細菌兵器を乗せようと検討していた軍部。アメリカの原爆使用に対して『国際法を守れ』と抗議した識者――。/全て、今日のオウム真理教の動勢とウリ二つではないか。オウムの教祖、信者を見て、『不可解』という感想を述べる資格が果して我々にあるのか。一国民全体に生じ得た狂気は、当然一教団においても生じ得るのである」(礫川)。

11 なぜ過ちを直視しないのか

森●話が飛びますが、先月カンボジアに行ってトゥール・スレンを見てきました。別名はS21というポル・ポト政権時代の強制収容所です。

ポル・ポト政権（一九七六〜一九七九）は貨幣経済を否定しながら、病院や学校に工場などを閉鎖しました。プノンペン市民は権利を剝奪されて、地方の農場に強制移住させられています。その空いた学校を収容所に転用し、いわゆる知識人をどんどん収容した。二万人近く連れてこられて、生き残ったのは八人と言われています。

各教室がそのまま牢獄です。鉄製の簡易ベッドがあって、窓には鉄格子、床には鉄製の拘束具が転がっていました。トゥール・スレンのコンセプトは、いっさいの加工をしないということです。ほとんど当時のままです。床とか壁には、血のりが黒ずみながらもそのまま残っている。拷問の痕跡です。

トゥール・スレンの後は、そこから車で三〇分ぐらいですが、さらに多くの人を殺したキリングフィールドに行きました。

一見は大きな公園のようです。でも中央に慰霊塔があって、二万個近い頭蓋骨がガラスケースの中に展示されています。すさまじい虐殺です。敷地内に一本の大きな樹木があって、ミサンガっていうのかな、お守りみたいなのが樹皮にいっぱいつけられている。ガイドが説明してくれました、子供殺しの樹だと。乳幼児を殺す際には足を持って、振り回してこの樹木の幹にぶつけたそうです。一、二回ぶつければ頭蓋骨が果物のように砕けて死にます。それを何百人もやった。殺戮を終えたあとに兵士たちは、泣き叫ぶ母親をレイプしてから、木の棒や鍬や鋤などで撲殺したそうです。博物館も併設されていますが、そういった経緯が、すべて展示されています。

トゥール・スレンもキリングフィールドも国立の施設です。トウール・スレンの正式名称は、トゥール・スレン国立虐殺博物館。世界から観光客がいっぱい来ます。ならば、これは自虐史観だとか自国の恥を世界に喧伝しているとか国益を害しているなどと言って、展示に反対する人はいないのだろうかと思ったけれど、カンボジアにはそうした反対意見はほとんどないそうです。でも考えれば、こうした展示を見て、「カンボジア人は何と残虐なんだ」とか「カンボジア人との交流はやめよう」とか「カンボジア人は恥さらしだ」とか思う外国人もいないわけです。

カンボジアだけではない。例えばホロコースト。ポーランドのアウシュヴィッツだけではなく、ドイツ国内にも当時の強制収容所やホロコーストの博物館はたくさんあります。ワシントンＤＣにもありますね。実は日本の東北にもホロコースト博物館があります。世界中で当時のナチス・

ドイツの蛮行が展示されている。でもドイツ人は何と冷血だとか残虐なのだと思う人もいません。ドイツやカンボジアだけじゃなく、中国の文化大革命だったり、スターリンによる粛清だったり、あるいはルワンダであったり、インドネシアであったり、こうした虐殺は世界中で起きています。つまり人類に普遍的な現象です。

――ソビエト連邦が崩壊した後に、スターリン時代の粛正の資料が公開されましたが、すべて残っていたそうです。

森●虐殺の事実を公開することが、国益を損なうわけではありません。今回の従軍慰安婦問題や南京虐殺問題を見ても思うのですが、今の日本人は、都合の悪いことや自分たちの過ちから目をそらす傾向がとても強い。過ちを正当化しようとする。とても幼児的です。むしろそのほうが世界からは歴史修正主義としてあきれられる。もちろん明らかな間違いなら糺すべきだけど、南京にしても従軍慰安婦にしても、樹を見て森から目を逸らそうとする気配がとても強い。その結果として、自分たちに絶望しない。

ドイツは憲法改正の際に、国民投票がありません。正確には憲法ではなく基本法ですが、国民投票なしで変えることができる。それを知ったときは意外でした。だってナチス・ドイツの国です。だからこそ政権の暴走に対してはセンシティブなはずなのに、なぜ国民投票がないのだろう。ドイツ人に理由を訊いたら、「僕たちは、自分たちがいかに信用できないかを知っているから」という答えが返ってきました。

礫川●ナチスを生み出した国ですからね。

森●かつてドイツ国民は、当時の世界では最も民主的と言われたワイマール憲法を持ちながら、ナチスを支持して選挙で第一党に選んでしまった。その背景にあったのは集団の熱狂です。彼らは自分たちのその怖さを知っている。言い換えれば、自分たちに絶望しているわけです。日本にはこれがない。敗戦にしても水俣病にしても原発にしても、大きな間違いを犯しながら、結局は自分たちに絶望しない。嫌なことから目を逸らす。誇り高き民族とか、気高い精神とか、そういった意識を、戦後もずっと保持し続けてきた。だからこそオウム真理教事件についても、彼らは例外的な存在なのだと思いたいわけです。その結果として目を逸らす。その行動原理は共通していると感じます。

礫川●今の日本の保守主義というのは、だいたい、そういった意識ですね。もちろん、保守主義に限らないわけですけど。

森●極論すれば右も左も、自分たちの都合の悪いことからは目を逸らす傾向が強いように感じます。だからこそメディアも、一面的な見方に立った報道しかしない。違う見方を提示すれば批判され、攻撃されるから。もちろん部数や視聴率も下がるし。まさしく今、イスラム国についての報道がそうですね。その凶悪さを強調せずに報道したら叩かれる。もちろんイスラム国は危険です。組織としての振舞いは狂気じみている。それは大前提。でもメンバーの一人ひとりすべてが残虐で凶悪であるわけではない。ところがそんな視点を提示すれば、イスラム国を擁護するのかと批判される。オウムのころと同じ現象が起きています。そしてこれは、同時多発テロ後のアメリカにもリンクします。

いずれにせよ、オウムを絶対悪とする世相に煽られ、さらには迎合しながら、メディアは萎縮し、『A』は撮り始めてすぐの段階で、撮影中止を命じられました。

12 麻原彰晃だけは別格

礫川●先ほど、降幡賢一さんのお名前が出ました。私は一度、小さな集会で、降幡さんのお話を聞いたことがあります。

そのときは、最も印象に残っているのは、「この事件の真相は、実はわかっていない」と言っておられたことです。本当は、その「真相」を聞きたかったんですが、それについての言及はありませんでした。

もうひとつ印象に残っているのは、井上嘉浩が中学三年生の時に書いた『願望』というタイトルの絵本を、スライドで紹介されていたことです。その中に、満員電車に乗り込む大人たちを描いた絵があって、そこに詩が書かれています。

朝夕のラッシュアワー
時につながれた中年達

夢を失い
ちっぽけな金にしがみつき
ぶらさがっているだけの大人達[*39]〔以下略〕

井上嘉浩が書いたこの詩は、かなりよく知られており、どこかで読んだ記憶がありました。しかし、これを井上が描いた絵とともに、また井上が手書きした文字を通して読んでみると（もちろんスライドですが）、妙に説得力を感じました。

降幡さんによれば、井上嘉浩は、供述調書の中で、シンガーソングライターの尾崎豊の「卒業」、「十七歳の地図」、「街の風景」といった歌詞を紹介し、そこには、物質的価値を追い求めるあまり、精神性を失ってしまった日本の現実の中で、必死に精神性を追い求めようとする若者の悩みがある、と述べているそうです。

井上嘉浩の詩が、尾崎豊の歌詞に似ていることでもわかるのですが、この供述書で井上嘉浩は、尾崎豊を引き合いに出しながら、「精神性を失ってしまった日本の現実の中で、必死に精神性を追い求めようと」した、かつての自分を語っていると言ってよいかと思います。

その井上嘉浩が、なぜ麻原彰晃に惹かれたのか、なぜオウム真理教に入信したのか、なぜ、満

＊39　降幡賢一『オウム裁判と日本人』（平凡社新書、二〇〇〇）二三～二四ページ。

員電車の中で、サリンを撒いたのかといったあたりのことは、もちろんわかりません。しかし、森さんが「サリン事件のキーパーソン」だとした井上嘉浩が、かつては、満員電車に乗り込む大人を見て絶望する悩み多き少年だったこと、それと似た、どこにでもいるような若者たちが、信仰を求めてオウム真理教に入信していった事実は、しっかり押さえておかなければならないと思いました。

森●オウム真理教の信者が普通の人間なのだと気づいた瞬間、当たり前のことなのですが、自分たちと変わらない人が、なぜサリンを撒くようなことができるのかという問題に直面せざるを得ない。明快な答えは獲得できない。この場合のオウムに、ナチス・ドイツのSSを入れてもいいし、イスラム国やクメール・ルージュでも同じことです。最後の一線がどうしてもわからない。だからこそやっぱり、彼らは異質な人間だと思いたい。そのほうが楽ですから。

でもそれも事実ではない。一人ひとりは普通です。礫川さんが言及された浄土真宗の宗祖である親鸞《しんらん》が言っています。縁がなければ人は一人も殺せない。でも縁があれば千人でも殺せる。この場合の縁とは、いろんな意味に考えられます。でも真実だと思います。人はそういう存在です。だからこそハンナ・アレントはアイヒマンの裁判を傍聴して、「凡庸な悪」というフレーズを思いつくわけです。

さすがに裁判も進めば、多くの信者が普通の人以上に善良な人だということがわかってきて、江川紹子さんも、そういうことを書いたりしています。降幡賢一さんもまた、変わってきているんです。

二年ぐらい前、確か菊地直子の裁判があったとき、久しぶりに降幡さんの傍聴記録を朝日新聞紙面で読みました。論調がずいぶん変わったなと感じました。それも含めて、オウム真理教に対する感情は、少し変わってきているとは思います。

でも麻原彰晃は別格です。一二人の死刑執行は阻止したいと口にする人は、たくさんいるけれど、常に一二人です。[*40] 麻原彰晃は入れていない。麻原だけは例外という扱いです。

今も高橋克也さんの裁判が始まっています。今回も多くの死刑が確定した幹部信者たちが、証人として出廷します。弁護団は麻原彰晃の証人尋問も請求したらしいのですが、裁判所は却下しました。まあ当たり前です。公の場に出せるわけがないんです。

民主党政権時代の法務大臣と、大臣を辞めたあとに話す機会がありました。彼が法務大臣になった初日に、法務省の役人が、死刑執行命令書の束を持って大臣室にきたそうです。「判を押してください」って。いちばん上には麻原彰晃の名前があって、役人は「これに判を押したら、大臣の名前は歴史に残りますよ」って言ったそうです。でも彼はそのときに『A3』を読んでいたので、その前に麻原彰晃の様子を見たいと言ったそうです。そこで「絶対内密に」という条件で、

＊40　宮前一明（旧姓岡崎）、横山真人、井上嘉浩、小池泰男（旧姓林）、豊田亨、廣瀬健一、端本悟、早川紀代秀、新実智光、遠藤誠一、中川智正、土谷正実。

彼は拘置所まで見に行った。

そこまで話したところで、しばらく沈黙してから、「悪いがこれ以上は言えない」とその方は言いました。「筆舌に尽くしがたい。それで勘弁してくれ」と。麻原彰晃について迂闊に発言するとバッシングされてしまうから、というようなことも言いましたね。

この方はリベラルで僕は尊敬している人です。結果として執行命令書に判は押さなかった。でもそんな彼ですら、麻原彰晃についてはロごもる。その気持ちはわかります。実際に迂闊に発言したら叩かれるでしょう。特に、地位が盤石ではない政治家にとっては命とりです。

礫川●さすがの法務大臣も、「筆舌に尽くしがたい」と思ったということは、やっぱり壊れているということでしょう。素人の直感が正しくて、専門家の鑑定が間違っているということは、よくあることだと思うんです。専門家は、職権というか職務で書いていますから、どうしても死刑にせざるを得ないというふうに空気を読めば、死刑にできるような鑑定をするんだと思います。

森●精神鑑定をおこなったのは、正式には西山詮さんだけだということは言いました。弁護団が鑑定を要請した精神科医は加賀乙彦さん、秋元波留夫さん、野田正彰さんほか、全部で六人ですが、彼らは裁判所が認めた鑑定医ではありません。

でも、六人の精神科医は、重度の拘禁障害的な症状の可能性が濃厚という診断では共通しています。袴田巌さんもそうでしょう。さらに半数以上の人が、治療によって改善すると言っています。拘禁障害は環境を変えれば劇的に治るらしいですね。そんな事例は過去にもいくつかある。

ならば治してから裁判を再開しようと発想することは当たり前だと思うのだけど、裁判所はそれを選ばなかった。御用学者に鑑定させて詐病だとの診断を出させ、結果的にはそれを理由にして、一審だけで死刑判決が確定してしまうわけです。治したくなかったのではないかと思いたくなる。

13 国家と宗教の相克

——オウム真理教は、影の内閣のような構想を持っていましたけれども、日本では過去に、国家に対し暴力的に対峙する宗教団体は、それほどなかったように思います。法然も親鸞も、時の権力に逆らったわけではなく、無理難題の法難に遭って、流罪にされてしまいますし、一向宗の叛乱も、宗教弾圧に遭って、敢えて戦いに決起してゆきましたが、政治組織による権力奪取という意味合いの戦いではないように思えます。

諸外国には、政治党派の革命集団がありましたが、オウム真理教は、過去にあったどのようなケースをベースに考えて、そうした国家に成りかわる組織というものを構想したのでしょうか。選挙に打って出て、敗北したからといって、いきなり暴力的対峙を考えるほど、彼らは単純ではなかったと思いますが、それはどういうことなのでしょうか。

また、ウィキペディアを見ますと、麻原彰晃が一九九四年に中国を訪れた際、「一九九七年、私は日本の王になる」と宣言した、[*41]あるいは、オウムは、一九九五年一一月に、「無差別大量殺戮計画」を計画していた、といった記述がありますが、これらは、ネット情報によるフレームアップと考えてよろしいのでしょうか。

森●「無差別大量殺戮計画」の出所は、たぶん早川紀代秀さんが書いたとされる早川メモだと思うのですけど、だとしたらこれはまったくの間違いです。このことは、早川さん自身が面会時に教えてくれました。

*41　一九九四年二月二三日より、麻原彰晃一行は中国を訪問した。この旅行には、村井秀夫、新実智光、井上嘉浩、早川紀代秀、遠藤誠一、中川智正らの教団幹部が同行した。麻原は明の太祖朱元璋の生まれ変わりを自称しており、南京（朱元璋時代の明の首都）の孝陵（朱元璋の陵墓）などの縁の地を巡った。旅の途中、麻原は「一九九七年、私は日本の王になる。二〇〇三年までに世界の大部分はオウム真理教の勢力になる。真理に仇なす者はできるだけ早くポア（殺害）しなければならない」と説法し、日本国を武力で打倒して「オウム国家」を建設し、更には世界征服をも念頭に置いている旨を明らかにした。

*42　一九九五年三月の警察による強制捜査により頓挫することになったが、教団は同年一一月に「一一月戦争」と呼ばれる「無差別大量殺戮計画」を企てていたことが明らかになった。／「一一月戦争」計画によると、一九九五年一一月の国会開院式に乗じて、教団所有の軍用ヘリコプターを使って東京上空からサリンを散布、天皇・閣僚・国会議員を含む東京都民を大量殺戮する。教団のヘリは、その後短期間のうちに全国を飛び回り、日本各地の主要都市にもサリンを散布する。そして日本の混乱に乗じて、国家機能が消滅した首都圏を自動小銃や爆発物で武装した白い愛の戦士たちが制圧し、新政府を樹立する。新政府は日本国の意思として米・露・朝の各軍隊による核戦争を誘発させる。その間、教団はサティアンに造られた屋内退避シェルターに篭り、核戦争終結後に日本を統治するというものであった。

礫川さんのご意見もお聞きしたいので、もう一度、カンボジアの話に戻ります。

ポル・ポトは一九九八年に死亡しています。残されたイエン・サリやヌオン・チアなど数人の幹部たちの特別法廷が、二〇〇六年から始まりました。カンボジアは死刑制度がないので、最高刑でも無期懲役です。その被告の一人であるカン・ケク・イウ（トゥール・スレンS21収容所の元所長）は、「自分は命令に従っただけだ」と法廷で弁明しました。ナチスのアイヒマンとほぼ同じフレーズですね。

それに対して党中央にいたキュー・サムハンやイエン・サリらは、法廷で「拷問しろと命令した覚えはない」「トゥール・スレン（S21）など知らない」などと述べています。

ならば最終決定は誰がしているのか。責任は誰にあるのか。でもそれがわからない。この構造は、かつて勝ち目がないと知りながらアメリカに宣戦布告したころの日本とも符合するし、地下鉄サリン事件についても共通する可能性があると僕は考えています。キーワードは過剰な忖度です。

ヒトラーがユダヤ人の最終解決（ホロコースト）を指示した文書は、今に至るまで見つかっていません。でもだからといって、ホロコーストをヒトラーが知らなかったはずはない。

同様に、麻原彰晃の指示を示す証拠はありません。唯一の証言が、後に証言した本人によって否定されるリムジン謀議です。でもだからといって、麻原彰晃が指示をしていないとは僕は思わない。何らかの示唆はあったと思う。指示との隙間を埋めるのは側近たちの忖度です。同時に麻原彰晃も、側近たちの思いを忖度していた。つまり、「尊師ならこんなことまでしてしまうはずだ」的な期待に応えようとする。

あくまでも仮説です。これを裏付ける証拠は何もない。でも組織共同体の過ちは、こんなことで始まるとの実感を僕は持っています。言ってみればメディアと市場(マーケット)との関係と似ています。やっぱり相互依存的なんです。側近たちの意向を感じ取った麻原彰晃が、さも自分の指示であるかのように言ったりしたこともあると思う。要するに全員が中間管理職状態。今にして思えば麻原彰晃があやつられていたような要素もあったという言葉は、拘置所で面会した幹部信者何人かの口から聞いています。

オウム真理教が疑似的な国家を目指していたことについては、もちろんそこに麻原彰晃の意図も働いていると思うけれど、そんな子どもじみたことをやろうとした理由については、僕もよくわからないのです。国家としての体裁を整えることで、暴力の行使を正合化したいとの思いが働いたという見方はできるかもしれない。これはイスラム国にも共通しますね。でも仮説の一つです。明確な断定はできません。ひとつ言えることは、これはオウム真理教事件後に日本社会が宗教化してゆくという礫川さんのご指摘にも重複すると思うのだけど、結局のところは集団化の問題だと思います。

ポル・ポトにしてもナチスにしても、あるいは中国の文化大革命にしてもそうだけれど、統制を一気に進めようとしたとき、組織は大きな過ちを犯します。過剰な忖度が疑似的指令になるからです。具体的な指示は来てないけれどもこういうことだろうと勝手に判断する。それを見た誰かがこれは命令だと思い込む。何か違うんじゃないかと思っても、それを口にすれば場を乱す。自分が異分子になってしまう。そうした同調圧力的な意識が働いた帰結として、集団はとても不合理でありえないことをしてしまう。

テレビ時代に、正確には『A』を発表した直後ですが、「放送禁止歌」をテーマにしたドキュメンタリーをフジテレビで制作して放送しました。まさしくこの構造が、過剰な忖度と同調圧力です。実は放送を禁止するシステムなど存在していない。でもテレビや音楽業界の誰もが、そんな規制があると思い込んでいた。自分たちで規制を作ったのです。そして自分たちで縛られる。なぜなら自由が怖いから。つまり自主規制。エーリッヒ・フロムの語彙を借りれば、「自由からの逃走」です。しかも逃走しているという自覚がない。だから自主ではなくて、正確には他律規制です。

このメカニズムは、群れることを選択した人類の本能のひとつに由来する。特に日本はその傾向が強い。組織や集団と相性がいいんです。だから壮絶な過ちを何度も犯してしまう。

オウムの場合も、酒の席か何かで半ば冗談で誰かが口にしたミニ国家的な戯言が、過剰な忖度や規制などに肉付けされながら、どんどんリアルな存在になってしまう。あるいはリアルにしなければいけないとの意識が重なってしまう。誰も本気じゃないのに、いつのまにか引くに引けなくなってしまった。そうした現象という捉え方もできなくはないと思う。もちろん何度も言うけれど、これは仮説のひとつです。そもそも信者たちは酒を飲まないし、麻原彰晃はもっとリアルに考えていたかもしれない。いずれにせよ、そうした仮説を検証する材料を得る機会を、結果的にこの社会は自ら放棄した。麻原を壊すことで。そして自ら放棄したことに気づいていない。それは確かだと思います。

『A2』撮影中に当時の幹部信者に、一九九五年三月二〇日の朝、つまりサリン事件が起きた直後、麻原彰晃と電話で話したと打ち明けられました。別件の用事があって彼が電話したら、電話口で麻原彰晃は相当に取り乱していたらしい。サリン事件の報道が始まった時間帯です。もちろん断定はできないけれど、麻原彰晃としては、「本当にやっちゃったのか」というような感覚があったのではないかという気がします。

連合赤軍事件のときに逮捕されて出所した植垣康博さんに聞いた話ですが、赤軍派と京浜安保共闘がひとつになる前、森恒夫（赤軍派）と永田洋子（京浜安保共闘）のあいだには微妙なヘゲモニー争いがあった。結局は森がトップになるのだけれど、そのころに永田洋子が森恒夫に、組織内のスパイについての処置を相談した。森恒夫は処刑すべきと即答し、永田洋子は相当悩んだけれど、ここでひるんだら自分たちが劣位に置かれると考えて決行する。こうして京浜安保共闘のメンバー二名を絞殺して埋めるという印旛沼事件が起きる。これを永田洋子が森恒夫に報告して部屋から出た後、森恒夫が側近たちに、あいつら本当にやっちゃったのか的なことを言ったらしい。

こうして組織は暴走する。一人ひとりはまずいんじゃないかと思っていても、いったん走り出すとなかなか止まれない。オウム真理教の省庁制にしても、どこまで彼らが本気でやっていたのかはよくわからない。当時の信者に聞くと、バカバカしいと思っていたと答える人がかなりいます。しっかりとした狙いや目的や構想があって、緻密に実践していたと考えないほうがいい。

日本はなぜ戦争を選択したのか。東京裁判で陸軍と海軍が責任のなすり合いをしたことは有名です。結局はその程度だと思う。その程度で集団は失敗します。コスモクリーナーや明の皇帝の生まれ変わりなどのレベルの妄想を土壌にしながら、忖度や同調などの要素が働いて、そこにたわいない偶然のようなものがいくつか積み重なって、結果としてありえないことが起きてしまったというほうが、むしろ実相に近いのではないかなっていう気がしています。

何度も言いますが仮説です。麻原彰晃の指示を裏付けるエビデンスがないことと同じように、この仮説を裏付けるエビデンスもない。ただし子ども向けヒーローアニメのように、すべてを指示するラスボス的な悪の権化が支配する組織よりは、僕にとってはずっとリアルな仮説です。これに対して、森は麻原無罪を主張していると批判する弁護士やジャーナリスト、学者がいますが、とても浅はかだとあきれます。

磯川●基本的に私も、森さんと同じ考え方です。オウム真理教の省庁制というのは、名前とその実態が微妙にずれているし、合理性も統一性もなくて、いかにもたわいもないものです。もちろん、どういう人材がどういう省庁に配置されるのかについても、それほどの必然性はなかったと思っています。

宗教と国家という問題は、ここのところ、ずっと考えてきた問題ですが、実際に、宗教が国家をのっとったり、武力で国家に逆らったりしたことは、歴史上、いくらでもあるとおもいます。思いつくままに挙げれば、ローマ帝国は、キリスト教徒に対して、激しい弾圧を加えましたが、その勢力が無視できなくなったと見るや、三一三年、ミラノ勅令を発して、ついにキリスト教を国教化します。言ってみれば、キリスト教が、ついにローマ帝国をのっとったことになるでしょう。

また、高校生のころ世界史で、「カノッサの屈辱」というのを習いましたが、これは教皇グレオリウス七世に破門された神聖ローマ帝国のハインリヒ四世が、一〇七七年に、教皇が滞在するカノッサ城まで赴き、雪が降る中を三日間、城門で赦しを乞うた事件です。中世のヨーロッパにおいて、キリスト教が国家に優位していたことを示す逸話とされています。

新大陸のアメリカでは、一九世紀半ばに、モルモン教徒と陸軍が激突するユタ戦争が起きています。この戦争は、モルモン教団が独立を目指す動きを見せたことに対し、連邦政府が介入しようとして起きたとされています。

中国では、同じく一九世紀半ばに、宗教結社「上帝会」の洪秀前が、「太平天国」を建てました(太平天国の乱)。また、一九〇〇年には、白蓮教系の秘密結社「義和拳教」の信者が、西太后の支持を受けて北京を支配しました。世に言う義和団事件です。

ドイツのナチズムにしても、これを一種の世俗宗教というふうに捉えれば、宗教が国家をのっとり、さらには世界支配を目指した事例と見ることができます。

戦中の日本は、疑似宗教国家というより、ほとんど宗教国家だったと言ってよいと思います。一九三九年(昭和一四)に「宗教団体法」が公布され、これが翌年に施行されました。この法案が貴族院に提案された時、荒木貞夫文相は、「惟神《かんながら》の道にたがう宗教は、日本では存在を許されない」と明言しました。つまり、この宗教団体法というのは、「惟神の道」という国家宗教が、あらゆる宗教に優位しているのだということを、各宗教団体に知らしめる法律だったのです。また同じ時に、松尾長造文部省宗教局長は、わが国において神社参拝を拒むような者は、「明らかに安寧秩序を紊《みだ》す者である」と断定しました。実際にこれ以降、御真影《ごしんえい》礼拝、皇居遥拝、神社参拝などの形で、すべての国民が一定の宗教的儀礼を強いられることになっていくわけです。

ただし、戦中の日本については、宗教が国家をのっとったというよりは、国家がみずから「宗教国家」化していったと捉えるべきだと思います。

それから、宗教というものに対して、何となく平和的なイメージを抱いている人が多いようですが、実際は違うと思います。中世の十字軍は、ほとんど武装した略奪集団です。日本でも、「僧兵」という武装した僧侶が、その武力によって政治に介入してきました。一向宗徒が、戦国大名と覇権を争った時代もあります。宗教というのは、むしろ、常に武装する要素を持っているのではないでしょうか。

森●現代でいえば、アルカイーダやイスラム国がそうですね。イスラエル国防軍だって、宗教集団が最新鋭の軍備を保持したとの見方もできる。だってユダヤ人とはユダヤ教徒のことですから。

礫川●だから、オウム真理教が武装したからといって、それほど驚く必要はないのではないでしょうか。教祖の麻原彰晃、あるいはその部下が、武装した上で国家をのっとるという妄想にかられていた可能性も、十分にあると思います。

ただ、オウム真理教がとった行動について言えば、森さんも強調されている通り、どこまでが麻原彰晃の意思で、どこからが部下の判断なのかといったあたりが、わかりません。むしろ、部下が麻原彰晃のコントロールを超えて暴発してしまった可能性もある。また、武装やサリンの合成に要した資金の出どころなども、解明されているとは思えません。

オウム真理教についてシッカリ研究するというのであれば、どういう省庁があって、どういう役割を担っていたのか、誰がどういう省庁でどういうふうに動いていたのか、外部のどういう組織と、どういう結び付きを持っていたのか、といったあたりを、徹底的に調べる必要があります。その際、数々

「週刊プレイボーイ」（1995.10.3 No.40 超特大号）

の諜略論についても、ひとつひとつ、その当否を検討していくべきだと思っています。

森●省庁制については、名称がひとり歩きしちゃったのではないかとの感じを持っています。例えば車両省なんていうのは、要するに車の手配する程度の仕事で、こんなものは車両係でいいわけです。それに省とかつけて悦に入っていた。諜報省という発想もあまりに子供じみている。防衛省の主要業務はコスモクリーナーの保守管理です。これはほぼ「ごっこ」です。その「ごっこ」レベルだったものが、同調や忖度などの積み重ねでリアルになってしまった。バカバカしいからやめようとか、とんでもないことになるから抑制しましょうとは誰も言えない雰囲気ができあがってしまった。もちろん狂信的な信者もいたと思います。実際に諜報省はかなり自衛隊などに食い込んでいたような気配もあるし。でもそれも含めて歯車のひとつです。

ただし仮に「ごっこ」がリアルになってしまったとしても、オウム真理教の場合は相当に極端です。本来ならその過程はもっと検証されなければならないし、麻原彰晃が「国家崩壊願望」も含めて、奇異なキャラクターであった可能性は否定できません。

14 オウム真理教とメディア

礫川●私は今でも気になるんですが、一九九五年にオウム真理教徒が地下鉄サリン事件を起こして、そのあと一斉捜索を受けるんですが、その一斉捜索の前と後では、もう報道関係者の姿勢が全く違っていたということです。

一斉捜索の前の段階では、上祐史浩外報部長といった幹部に対して、記者が、敬語を使って、もうビクビクしながら、インタビューしているんですね。あの段階においては、こいつらが本当にひょっとしたら日本国家をのっとるかもしれないみたいな、そういう恐怖が、報道関係者の間に広がっていたのではないかという印象を受けました。

先ほど、TBSのワイドショー関係者が、オウム真理教の幹部にビデオ映像を見せてしまったという話がありました。ビデオ映像を見せたのは、一九八九年一〇月のことで、その事実を日本テレビがスクープしたのは、一九九五年一〇月です。当初、TBSは、そうした事実を認めず、ようやく認めたのは、一九九六年三月のことでした。

なぜ、ＴＢＳの関係者はビデオ映像を見せてしまったのか。あとになって非難するのは簡単です。しかし、一九八九年の段階で、ＴＢＳ関係者がオウム真理教の幹部から受けていた圧力というのは、ちょっと想像できないくらい強いものがあったのではないでしょうか。だからこそ、ビデオ映像を見せてしまった。それだけでなく、ＴＢＳは、企画していたオウム真理教特集自体を中止し、結局、坂本堤弁護士に取材したこのビデオ映像は放映されなかったのです。

ところが、地下鉄サリン事件を受けて、オウム真理教団に一斉捜索がはいったとたんに、報道の姿勢が一転します。今までオウム真理教に恐怖感のようなものを抱いていたのを翻すかのように、あるいは、今までオウム真理教に対して下手に出ていたのを取り返すかのように、オウム真理教やその信者に対して、非常に高圧的というか、露骨に侮蔑的な態度を取るようになっていきました。これまで恐れられていたものが、一挙に叩かれる対象になったわけで、こうした報道の変化の影響は、もちろん視聴者にも及びます。こうしたことが、地域住民からのオウムバッシングにつながっていったのではないでしょうか。

森●まずはＴＢＳ事件について、僕の考えを述べます。オンエア前の坂本さんのインタビュー映像を見せたから一家殺害事件に結びついたとＴＢＳは批判されたけれど、これは結果論です。坂本さんを危険な存在と見なしたから抹殺したとのレトリックが正しいのなら、オンエア後にも同じ事態が起きた可能性は十分にある。ならばこれは、メディア報道でオウムを許せないと思ったと考えて村井さんを刺殺した事件と位相は変わりません。あるいは、少し飛躍しますが、ＩＰＳ

細胞騒動で自殺した理研の笹井芳樹さんの問題も同じです。IPS騒動の本質だけではなく、不倫とかそのレベルの疑いで週刊誌などで叩かれたことが、笹井さんの自殺を誘発した可能性は十分にある。

つまりメディアによる二次被害です。でもあのときはすべてのメディアがTBSを叩きました。なぜならオンエア前の映像を見せるということが問題視されたからです。

ならばここで考えなければならない。なぜオンエア前の映像を見せてはならないのか。確かにテレビは、インタビューした本人にすら、オンエア前には映像をまず見せません。最近の新聞は、インタビュー記事の際には本人に「　」の中はチェックさせるけれど、テレビはそれをほぼしません。なぜならテレビの場合は、一時間インタビューしても使う個所はほんの数秒です。見せれば意見の相違が起きることは必至です。しかもテレビの場合は、編集が終わればオンエアまでほとんど時間の猶予はない。修正する時間もないし、そもそも修正には応じたくない。だから見せないんです。要するに手前の都合です。でもそれが犯してはならない聖域のようになってしまっている。だからこそTBS叩きに拍車がかかりました。

確かに今も、オウム真理教に対しては、宗教法人だから手が出せなかったみたいなエクスキューズは頻繁に使われますが、僕には違和感があります。文字どおりのエクスキューズのような気がします。

たとえば、一九八〇年前後には、千石《せんごく》イエスが主宰する宗教団体「イエスの方舟《はこぶね》」が、メディアから袋叩きにされました。そうした中で、冷静な報道を続けたサンデー毎日は、他のメディアから相当に批判されました。統一教会についての報道もそうですね。宗教法人だからといって萎縮はしていません。そんな実例はいくらでもある。

役所の手続きなどにおいては、宗教法人の特権的地位が働いたことはあったかもしれない。でも宗教法人だから取材できませんでしたという言質は、行政の言い訳にメディアが便乗している要素がとても大きいと思います。

礫川●これは、一種の偽装だったのかもしれないけれども、オウム真理教というのは、暴力団との関係がささやかれたり、北朝鮮やウクライナとの関係が指摘されたりしました。そういうことがあって、マスコミも、なにか異常にビビッていたような感じがしてなりませんでした。一斉捜索以降、そうした「虚像」が剝がれはじめると、そこからマスコミは、一気に攻勢に転じるわけです。あのときの報道姿勢の激変というのは、同時代に肌で感じたものでないと、ちょっとわかりにくいものがあるかもしれません。

森●得体の知れなさに対しての恐怖なら、確かに少しは働いていたかもしれません。根拠のない萎縮です。だからこそ安易にひっくり返る。

先に触れたように映画『A2』を撮った一九九九年当時は、オウム真理教に対しての嫌悪や忌避がこの社会で急激に高揚していた時期でした。住民によるオウム真理教への排斥運動が、日本中いたるところで繰り広げられていた。住民たちの多くは過激です。施設のまわりには「人殺し」

とか「消えろ」などを書き込んだ看板を無数に立てて、今でいえば完全にヘイトスピーチですが、毎週のように「出て行け」とか「おまえたちに人権はない」などとシュプレヒコールをあげながらデモ行進を行っていた。あるいは住民有志が施設に行って窓ガラスに石を投げたり、外出している信者を見つけて多人数で暴力を加えたりといった光景は、実際に何度も見ています。彼らはメディアの取材に対してはオウムの恐怖や不安を訴えるのだけど、でもこれがもしヤクザの事務所だったら、石を投げたりはできないですよね。怖いと言いながら、どこかで鬱憤晴らしみたいな、普通ならできないことをする。そもそも行政による住民票不受理だって、明らかに憲法違反ですから、位相は住民たちの排斥運動とほぼ同じです。アガンベンが言うところの「例外状態」です。ところがこれを例外とは誰も思わない。こうして社会は内側から変わります。

住民たちの意識の変化、つまり「怖い」と「やっつけろ」が共存するアンビバレントな意識が、メディアに感染したことは確かでしょうね。事件前

映画『A2』の一場面（©「A」製作委員会）

には怖いからと及び腰だったけれど、事件後に号砲が鳴ると同時に一転する。『A』や『A2』撮影時には、多くの記者やカメラマンやディレクターと施設周囲で話しましたけれど、信者一人ひとりは人畜無害で善良だと彼らもわかっています。でもそんな現場の感覚が、記事やテレビニュースになることはまずない。怖くて危険な存在という前提がわかりづらくなるからです。

補足しますが、当時も今でも、つまり今ならアレフやひかりの輪などが、安全で人畜無害だなどと言う気はまったくありません。集団が暴走するならとても危険です。でも一人ひとりは邪悪でもないし凶暴でもない。ここは重要なところです。ところがそれはわかりづらい。社会は、危険なら危険という一色を望みます。そして結局メディアは、現場の人間は「少し違うけどなあ」と思いながらも、社会のこの欲求に抗《あらが》わない。むしろ煽ります。なぜなら市場原理が働きますから。

この構造は今も変わっていません。いや、むしろオウム真理教事件を契機にして、他の報道などにも拡充されたと思います。そして日本では一九九五年に、そして世界レベルでは二〇〇一年に始まったテロへの不安や恐怖は、今はイスラム過激派に向いています。だからずっとオウムと社会を見つめ続けてきた立場としては、同じ状況がスケールアップしながら繰り返されているという感覚を持ちます。

礫川●地下鉄サリン事件が起きたのは、一九九五年三月二〇日ですが、ちょうどそのとき私は、『戦後ニッポン犯罪史』という本を脱稿する直前でした。そこで、急遽、最後の項のタイトルを「地下鉄サリン事件とオウム真理教」とし、何とかそれを書き終えて入稿したのが、一週間後の三月二七日でした。

その原稿をまとめるために、テレビや新聞に注目しましたが、その間にも、報道の姿勢がどんどん変わっていくのに気づきました。何か憑き物が落ちてゆくといった感じでした。もちろん、報道に接する自分のほうも、変わっていったのだと思います。

原稿を書きながら、本当にこういうことを書いていいのだろうか、こんなことを書いて、もしオウム真理教が国家をのっとったらどうなるのか、といった怖さが、多少はありました。ちなみに、國松警察庁長官が狙撃されたのは、入稿して三日後の三月三〇日でした。

戦前に軍部・右翼が起こした事件に際しても、人々は、この種の怖さを感じていたのではないでしょうか。なにしろ、警察が、この種の動きに対して、完全に及び腰でしたからね。一九三三年(昭和八)七月に起きた神兵隊事件は、愛国勤労党によるクーデター未遂事件ですが、実質的には不問ですから。

一九三六年(昭和一一)の二・二六事件の発生直後、重臣の幣原喜重郎《しではらきじゅうろう》は、本郷駒込警察署長から、警備に責任を負えないからという理由で、都落ちを懇請されています。そこで彼は、自動車に乗って鎌倉に逃げますが、今度は葉山署長がやってきて、「ここは宮様が多くて警備の手が回らない、鎌倉署管内に移ってほしい」と要請されたと回想しています。[*43] 戦前の警察は、左翼や庶

*43 幣原喜重郎『外交五十年』(読売新聞社、一九五一)。

民に対してはいばっていましたが、軍部や右翼に対しては、カラキシ意気地がなかったのです。

　もうひとつ、二・二六事件のときのエピソードですが、銃殺されたと思われていた岡田啓介首相の生存を確認し、これを叛乱軍が占拠する官邸から脱出させた、小坂慶助憲兵曹長という憲兵がいますが、彼は、同僚たちから、「昭和の梶川与惣兵衛《よそべえ》」と呼ばれ非難されたそうです。梶川与惣兵衛というのは、いわゆる「忠臣蔵事件」の発端となった松の廊下での刃傷事件の際、「殿中でござる」といって、浅野内匠頭《たくみのかみ》を制した人物です。せっかく吉良《きら》上野介《こうずけのすけ》を殺そうとしているのに、それを止めたというので、当時、「武士の情を知らぬ」として、非難されたのです。

　要するに、小坂慶助憲兵曹長は、せっかく叛乱軍が首相を暗殺しようとしたのに、それを救出してしまったというので、「武士の情を知らぬ」として、非難されたのです。これが、憲兵隊内の「世論」であったことに驚かされます。当時、この叛乱に対しては、軍部・右翼を中心に、かなり巾広い層の支持があったことを物語っています。叛乱軍がとった作戦によっては、あるいは宮廷あるいは軍上層部の動きによっては、クーデターが成功していた可能性があると、私は考えています。

　これは、どこで読んだか忘れてしまいましたが、麻原彰晃は、二・二六事件のことも詳しかったようです。また、これは麻原彰晃の指示によるものかどうか不明ですが、オウム真理教は、一九九三年あたりから、一〇〇〇丁を目標に、自動小銃ＡＫ74の密造に取り組んでいたとされています。彼らが、首都圏中枢で、二・二六事件のような叛乱を企てていた可能性は否定できないでしょう。

『軍事研究』という雑誌があって、その一九九五年七月号は、特集「オウム真理教と自衛隊」と銘打たれています。その巻頭論文は、軍事評論家・藤井久氏の「交戦団体『オウム真理教』」です。ここで藤井氏は、いろいろなことを書いていましたが、今でも印象に残っているのは、次のような指摘です。

「公安当局者は、この雑多な集団を与し易いと考えていたとしたら、それこそが誤りである。この集団は、この雑多こそ強みとしていることを忘れてはならない。」

「戦闘場面では、『素人はこわい、狂人には勝てない』と、鎮圧側が音を上げる状況にならなかったとは言い切れない。」

藤井氏が、「交戦団体」としてのオウム真理教を、冷静に分析しているのを見て、さすがは軍事評論家だと思ったものです。

『軍事研究』同号の第二論文は、元陸上自衛隊教官・高井三郎氏の「オウムの軍事知識と自衛隊」です。高井氏は、権力中枢部の上空からサリンやタブンといった神経剤が撒かれた場合に生じる事態を、次のように予想します。ただしこれは、「最悪の場合」です。

「恐らく霞ヶ関の路上の各所に死体が折り重なり、皇居前広場、新橋、四ツ谷一帯には被災現場からようやく這い出してきた重傷者が満ち溢れ、阪神大震災とは比較にならぬほどの地獄さながらの惨状を呈するであろう。」

高井三郎氏は、オウム真理教団に、「次元の低い軍事認識と知識が支配する現代日本」の一面を見出しています。にもかかわらず氏は、こうした最悪の状況を想定せざるを得なかったのです。高井氏もまた、藤井氏と同様、「交戦団体」としてのオウム真理教を見くびってはいなかったと思います。

森●サリンそのものは、確かに極めて危険です。でもその認識が彼らにどの程度あったのか。化学班の幹部信者以外は、ほぼ認識していなかったと思います。

アメリカで一九八〇年代に制作された『アトミック・カフェ』というドキュメンタリーは、冷戦時代のアメリカの核兵器についてのプロパガンダやリテラシーの欠如をテーマにしています。オープニングは広島への原爆投下、そしてこれを伝えるアメリカのメディア、および歓喜するアメリカ国民です。見ながら驚きます。冷戦期においても、アメリカ国民のほとんどは核兵器の破壊力を認識していなかった。一般国民だけではなく、軍の中枢やほとんどの政治家も、もしも核ミサイルが降ってきたら物陰に隠れろとか、傷口には放射能が入らないように絆創膏を貼っておけとかのレベルです。
そのレベルで彼らは広島と長崎に原爆を投下した。言い換えれば、そのレベルだからこそ投下することができた。それがよくわかります。今もアメリカでは、原爆投下は戦争を終わらせるための当然の処置だったと言う人は少なくないけれど、ほとんどは冷戦期にこうした教育やプロパガンダを浴びた人たちです。つまり超特大の爆弾くらいの認識なのです。だからこそ後ろめたさがない。摩擦がない。ありえないことをしてしまう。
事件直後、『A』を撮る前ですが、僕はフジテレビのオウム特番のディレクターとして、ロシアから購入したヘリコプターの取材に行きました。サリンを撒くときに使うつもりだったとの情報があったのです。でもいろいろ調べたら、買ったのはいいけれど誰も操縦できなくて、そのまま野ざらし状態で壊れてしまい、オウム真理教広報部の担当にもどこにヘリコプターがあるのかもわからない状態でした。ずいぶん杜撰な組織だなあと思いましたね。

礫川●自衛隊員が加担していたとすれば、話は別だったかもしれませんね。

森●操縦できる人がいないのなら保管しておけばよいのに、雨ざらし野ざらしで壊してしまう。もちろんそれが嘘である可能性もありますが、ヘリの購入については多くのメディアが報じたけれど、それがどうなったかの検証や警察の発表もないしメディアも報道していない。事実でしょう。本当に統制がとれてない杜撰な組織だとあきれました。
こうした類のエピソードは、撮影中にもたくさんありました。本部から各支部宛に、この

ＦＡＸ番号は警察に盗聴されているのでこれからは以下の番号に変えますという趣旨のＦＡＸが送られてきたことがあります。そのとき僕は支部のひとつで撮影していたのだけれど、信者たちはその文面を読みながら、さすがにうーんとか、あれ？　などと言いながら、首をひねっていました。

15 宗教と戦争責任

礫川●戦前の大本教（大本）は、一九三二年（昭和七）に、「皇道大本」と改称しますが、このころから、頭山満・内田良平といった右翼の巨頭と交流し、「昭和維新」を目指すようになります。

一九三四年（昭和九）七月、皇道大本は、「昭和神聖会」という新組織を結成します。その発会式は、東京・九段の軍人会館で開催されました。各界の著名人や多数の陸海軍将校を含む三〇〇〇人以上が参集し、後藤文夫内務大臣、秋田清衆議院議長が祝辞を述べました。昭和神聖会の統管には、出口王仁三郎、副統管には、内田良平と出口宇知麿《うちまろ》が就任します。

この発会式では、次のような宣言文がだされました。

「大日本皇国の天業未だ途《と》にありて内外稀有《けう》の不安に会す、寔《まこと》に憂慮に堪へざるなり、惟《おも》ふに是れ天地の大道、皇道の大精神を忘却せるに由る。茲《ここ》に於て　天祖の神勅、列聖の詔勅を奉戴し、大義名分を明かに、百般の事象を究明して、世道人心を正し、至誠奉公神洲臣民たる天賦《てんぷ》の使命を遂行し以て聖慮に応《こた》へ奉《たてまつ》らんことを誓ふ。右宣言す。」

しかし、出口王仁三郎を中心とする皇道大本のこうした派手な動きは、権力側から警戒され、弾圧を招くことになりました。一九三五年（昭和一〇）一二月、第二次大本教事件と呼ばれる弾圧によって、大本教（皇道大本）が解体させられたことは、最初のほうで触れました。

おそらく権力側が一番恐れたのは、大本教の組織力・資金力が、軍部や右翼と結びつき、「昭和維新」の流れを作りだすことだったと思います。

大本教（皇道大本）の解体が、一九三五年（昭和一〇）一二月で、二・二六事件が起きたのは、一九三六年（昭和一一）二月です。その間のタイムラグは、三か月弱。もしも、大本教が壊滅させられていなかったら、あるいは皇道派の蜂起がもっと早い時期におこなわれていたら、あるいは違った形の「昭和維新」が始まっていたかもしれません。

——今のご指摘の点ですが、二・二六の青年将校の叛乱は、「君側の奸」を排除するための決起であって、政治権力奪取後の構想が明確にあったわけではありません。結果は逆に、天皇の名において銃殺されてしまい、軍部主導の内閣を招くことになりました。

大本教にしても、果たして権力奪取した後に、どんな「理想世界」を構想していたのかが、ハッキリしません。クーデターは、明らかに権力奪取のための行動ですが、そのあたりは区別しなければならないと思いますが、どうなのでしょうか。

礫川●皇道大本が、「昭和維新」というスローガンを掲げていたことは事実ですが、権力奪取に向けて、明確な計画を立てていたということはなかったと思います。第二次大本教事件の捜索の際に、警察側は、教団側が武力的な抵抗に出ることも想定していたようですが、そういう抵抗はなかったし、武器等が発見されることもありませんでした。

また、二・二六事件という決起にしても、ご指摘の通り、明確に権力奪取後の構想を持っていたわけではありません。その意味では、同時多発テロ事件と言ってもよいわけなのですが、しかし、なりゆきによっては、これがクーデターに発展する可能性はあったわけで、その意味ではやはり、これはクーデター未遂事件と位置づけてよいと思います。

ちなみに、日米開戦は、一九四一年（昭和一六）一二月八日ですが、「大東亜共栄圏」の実質を決定するための「大東亜建設審議会」の設置が決まったのは、翌一九四二年（昭和一七）の二月二一日です。もちろんそれから、「大東亜共栄圏」の実質について審議し始めたわけです。アジアの浮沈にかかわる戦争でも、このありさまですから、二・二六事件の青年将校が、明確な権力奪取後の構想を持たないまま決起に走ったことは、それほど不思議ではないような気もします。

森●現世の価値や規範をすべて肯定するならば、宗教の意味はない。そもそもが死と生の価値を転倒するという本質を持っています。国家にとっては危険な存在です。だから国家は、宗教が一定以上の力を持ったとき、取り込むにせよ弾圧するにせよ、何らかの形で干渉せざるを得ない。宗教のほうもまた、国家からの弾圧を免れたり、国家を利用したりする。それは洋の東西を問わず、歴史がくりかえしてきたことです。

まずは神道的アニミズムに端を発したこの国では、やがて大陸から伝来した仏教を国家が取り入れ、さらに明治期に廃仏毀釈で仏教が神道に融和を強制され、さらに人為的に形成された国家神道がアジア・太平洋戦争における大義の背景となり、あらゆる宗教が「聖戦」を下部構造として支えていた。浄土真宗もそうですね。悪い中国を成敗してやることは彼らのためなのだというような布告を出している。でもこれは、要するにポアの思想です。

礫川●従軍僧を一番多く派遣したのは浄土真宗だそうです。その意味では、最も戦争に加担していた宗派は、浄土真宗だと言えるでしょう。

森●でも浄土真宗がおもしろいのは、後にそれを反省する。

礫川●あとから反省はするのです[*44]。

森●それも自虐史観という言葉を当て嵌めたくなるほどに、自分たちの過ちを掘り起こして提示して過剰に反省する。だから過ちの過程がよくわかる。普遍化できるんです。今のこの国にとっては、とても貴重な存在です。親鸞イズムかもしれませんね。国家に寄り添う。善悪を二分化する。どちらも親鸞が最も嫌ったことですから。

またカンボジアの話になります。クメール・ルージュの兵士たちの多くは、十代の少年兵だったようです。このあたりはヒットラー・ユーゲントや文革の紅衛兵と共通しますね。そして連赤（連合赤軍）やオウム真理教の中心となった若い世代にも。

結果として三〇〇万人近くの市民を殺戮しながら、クメール・ルージュの兵士たちのほとんどは法的責任を問われないまま、今は一般市民として生活しています。

理由は、あまりにも加害者数が多過ぎるのと、やらなかったら自分がやられるという極限状況にあったからということらしいです。

逆に言えばかつて多くの市民たちを殺戮した彼らは、かつて普通の子どもであり市民だったわけです。インドネシアでも、一九六五年から翌年にかけて、大虐殺がありましたけれど、その虐殺に加担した人たちも、今は普通に市民として生活している。

殺戮に耽った彼らは、残虐でも冷血でもない。でもおおぜいの人を殺した。だから考えます。悩みます。もう一度言及するけれど、親鸞は『歎異抄《たんにしょう》』で、「縁さえあれば、人は千人でも殺す。縁がなかったら一人も殺せない」と言っています。

礫川●『歎異抄』第十三条ですね。

森●「縁」という言葉はいろいろな解釈ができるけれど、少なくとも単純な善悪二分を、親鸞は激しく拒絶します。とても透徹した視点を感じます。

礫川●『歎異抄』第十三条には、こういうことが書いてあります。親鸞の弟子の唯円《ゆいえん》が、親鸞から命じられました。「お前、今から人を千人殺してこい、そうすれば、極楽往生は間違いない」と。

＊44　菱木政晴『浄土真宗の戦争責任』（岩波ブックレット、一九九三）参照。

「聖人《しょうにん》の仰せではありますが、私には人ひとり殺すことさえできません」と唯円。すると親鸞は、「そうだろう。人は業縁があれば、殺したくないと思っていても、千人を殺してしまうこともある。しかし、業縁がなければ、人ひとり殺すこともできないのだ」と言うのです。さらに親鸞は、「わがこゝろのよくてころさぬにはあらず」（自分の心が良いから、殺人を犯さないというわけではない）という名言を吐くわけです。

戦争中、浄土真宗は、戦争に加担しました。しかし、戦後はそれを反省するわけです。『歎異抄』の論理でいうと、戦争に加担したのも業縁、それを反省することになったのも業縁ということでしょうか。浄土真宗ならでは、という感じがします。

日本人は、アジア・太平洋戦争でもたくさんの人を殺しましたが、その少し前、関東大震災でも多くの朝鮮人、あるいは朝鮮人と誤認された人を殺しています。しかも、殺したのは、「自衛警団」に加わっていた一般人です。もちろん、「ポル・ポト」までいかないわけですけれども、それに近い雰囲気は、もう関東大震災のころから、充満していたんじゃないでしょうか。

――親鸞の「縁」は分かりやすく言えば「関係」でしょう。吉本隆明は「関係の絶対性」という概念で、親鸞の思想を明らかにしようとしました。「関係の絶対性」から「大衆の原像」を思想化するというのが、吉本隆明の方法です。これは言葉としては何となく分かるのですが、思想の内実がなかなか理解できません。この思想の内実について、少し触れていただけませんか。

礫川●この問題は、非常に難しい問題ですが、若干整理しておきたいと思います。

今、「吉本隆明は『関係の絶対性』という概念で、親鸞の思想を明らかにしようとしました」と言われましたが、実はこれは、重大な指摘かもしれません。

吉本隆明は、『マチウ書試論』（一九五四）の中で、たしか初めて、「関係の絶対性」という言葉を使いました。この「関係の絶対性」という言葉が、親鸞の思想に由来するということになると、吉本は、初期の論考においてすでに、しかもキリスト教のテキストを読み解くために、親鸞の思想を援用していたことになります。

また「親鸞の『縁』は分かりやすく言えば『関係』でしょう」とも言われました。これもまた、重要な指摘です。ちなみに、このことを最初に指摘したのは、多羽田《たばた》敏夫氏だと思います。多羽田氏は、第五六回群像新人文学賞評論部門の優秀作に選ばれた「〈普遍倫理〉を求めて――吉本隆明「人間の『存在の倫理』」論註」という論文[*45]の中で、次のように述べています。

「すなわち『偶然の出来事』も『意志して撰択した出来事』も恣意的な、相対的なものにすぎない。真に弁証法的な『契機』は、意志や偶然を超えて、ただそうするよりほかにすべがなかったという『関係の絶対性』からしかやってこない。つまり、人間は、『関係の絶対性』によって、意志とかかわりなく、千人、百人を殺すほどのことがありうるし、『関係の絶対性』

＊45 『群像』二〇一三年六月号所載。

が関与しなければ、たとえ意志しても一人だに殺すことはできない存在であるということである。」

何と、ここにも『歎異抄』第十三条が出てくるわけです。

さて、「関係の絶対性」から「大衆の原像」を思想化するという吉本の方法論ですが、これを、オウム真理教の犯罪を例にとって説明した場合、次のようなことになるかと思います。「関係の絶対性」というのは、麻原彰晃を中心とするオウム真理教団の中に働く関係性を指します。もちろん麻原彰晃自身も、そうした関係性に縛られているわけです。「大衆の原像」を思想化するというのは、そうした関係性のなかで、その「意志とかかわりなく」、犯罪に走ることになった教団のメンバー（麻原彰晃を含みます）の「心意」を読み解く作業を意味するのではないでしょうか。

ちなみに、吉本隆明が、麻原彰晃に関心を示したのは、麻原彰晃という人物に、吉本自身と同様の「大衆の原像」を見出したからではないかと思います。言葉が足りませんが、今はこんなところで。

森●さらに補足すれば、そのロジックはオウムだけではなく、ナチス・ドイツや中国の文化大革命など、戦争や虐殺のほぼすべてに援用することができます。つまり組織共同体の副作用です。でも群れることをＤＮＡレベルで選択した「ヒト」は、社会的な動物であり、組織や集団と縁を切ることは絶対にできない。さらにヒトは、自分がやがて死ぬ存在であることを知ってしまったからこそ、どれほど科学が発達したとしても、宗教を捨てることも不可能です。

オウム真理教事件は、この二つの要素が持つ危険な要素を、とても端的に表しています。つまりとても重要な示唆と教訓を、社会に示す事件でした。正しく解釈しさえすれば。

しかし麻原彰晃裁判が示すように、この社会はオウム真理教事件の正しい解釈を拒絶しました。とにかく異端な存在として排除し、抹殺し、嫌悪の対象としての枠組みに押し込めた。直視することを拒絶した。でも同時にまた、そうした対応が正しくないことも意識下で感知している。だからこそいまだに「オウムの闇」などの言葉を使いながら、後ろめたさを中和しようとしている。闇などないのです。強いて言えば、事件後の社会の側が不可視の領域を作り出した。そして謎とか闇などの言葉を消費しながら、その闇や謎を作りだした主体である自分たちから目を逸らし続けている。

地下鉄サリン事件の後、喚起された不安と恐怖を燃料に、日本社会全体が集団化を加速させています。集団内部では異物を探して排除したくなり、外部には仮想敵を探してこれを攻撃したくなる。その帰結が今の日本社会です。ならばきっとまた、同じ間違いを犯すでしょう。

組織や集団化の副作用は、もちろん人類全般が抱えた病理です。でも特に日本人は、組織と相性が良い。集団化が起きやすい。「和をもって貴しとなす」は見方を変えれば、同調圧力が強い忖度の文化です。その自覚を持たなすぎる。つまり、もう一度言いますが、自分たちへの絶望が足りないんです。結局は曖昧にしてしまう。突き詰めて思索しない。

自分たちの加害行為は自虐史観だとして目を逸らし、「誇り高い」とか「気高い」などの形容詞がついた日本人論ばかりを好むようになる。最近は書籍ばかりではなくテレビの番組でも、日本とかニッポンがタイトルになった番組が急激に増えています。

16 国家は宗教化する

磔川●今の森さんの発言をお聞きして、今日の日本の状況や、そこでなされている言説の問題点が見えてきたように思います。

わたしは、今日の日本の状況あるいは言説については、絶望しかかっているんですけど、絶望する前に、そうした状況にいたった歴史というか、歴史的経緯というものを、もうちょっとシッカリと把握しておくべきではないかと考えています。

——絶望する前に、歴史に関する知識が必要だということですが、戦後民主主義教育の中で、歴史に関する知識は、それなりに明らかにされてきたわけです。それにもかかわらず、なぜ同じようなことが繰り返されるのか。この問題に肉迫していただきたいと思います。

磔川●今の問題提起に対しては、ふた通りの答え方ができるような気がします。ひとつ目としては、歴史に関する知識が、それなりに明らかにされているにもかかわらず、それでもやはり、人間というのは、あるいは日本人というのは、同じような過ちを犯してしまうのかもしれないということでしょう。

ふたつ目としては、「歴史に関する知識は、それなりに明らかにされてきた」と言いますが、その「されかた」が、必ずしも十分ではなかったのではないでしょうか。それは、歴史的事実そのものについても言えると思いますし、また、歴史を切る切り口についても言えると思うんですね。

『誰が読んでもよく判る　模範隣組と常会のやり方』(大政翼賛会監修、村田亨著、清水書房、1941.1.20)

ここでは、ふたつ目の視点に立って、お話ししたいのですが、たとえば、今ここに、村田亨という人が書いた『模範隣組と常会のやり方』(清水書店、一九四一年一月)という本を持ってきました。六〇ページあまりの、こんな貧弱な本ですが、戦時体制の末端に位置した「隣組」と、そこで開かれていた「常会」のことがイメージできる興味深い資料です。

さて、この本の二三ページから二四ページにかけて、隣組常会の「進行順序」というものが紹介されています。こんな感じです。

五、常会の順序の例
次に東京市に於て開いてゐる進行順序を御参考までに掲げませう。

一、開会の挨拶……（組長、司会者）

一、宮城遥拝………宮城《きゅうじょう》の方へ向つて一同正しく座し組長の号令【日本間て畳ノ時ハ座礼(但シ座布団ハサケヨ)洋間椅子ノ時ハ立礼*46】「宮城に対し奉り最敬礼……直れ」

一、黙禱……同じく組長の号令「皇軍の武運長久と靖国の英霊に対し、黙禱を捧げます……(約一分間)……黙禱を終ります」

一、国家奉唱……組長の合図により君が代一回

一、市長の通達及報告……町会常会に於て隣組長其の他の会合の場合市役所又は区役所よりの通知と協議懇談された事の報告を組長がなす。

一、協議懇談申合せ……隣組員より提出した議題（問題）について相談をなし、議決（決める）す。或は定まらない場合、次の会までお互ひに考へる。

一、講話（隣組の場合、特別の場合を除く他必要なし）

一、和楽……お互ひに生活問題や其の他のお話しをして、中には茶話会式にする所もある。国民歌謡や其他軍歌等の練習、又はお互ひのかくし芸等をする。

＊46　【　】内の字句は、旧所有者が手書きでおこなった追加。

一、閉会の挨拶……組長（司会者）

この時次回の日と時間と場所とを明かに組員に知らせなくてはなりません。

これは必ずしも行はなければならないと云ふのではありません。其の時の都合によつて適当に順序を定めてよいのです。

本の著者も断っている通り、これは、あくまでも参考例です。しかし、この当時、日本全国のほぼ全家庭が、こうした「隣組」に組み込まれ、一家の主人あるいは主婦が、定期的に開かれる「常会」に参加していたことは事実です。そこでは、この参考例に近い形で、会が進行していたことも事実です。

今日、多くの日本人は、こうした事実を知りません。いや、知らされる機会がなかったわけです。まず指摘しなければならないのは、当時の国民がすべて、家庭あるいは隣組を通して、戦時体制の中に組み込まれていたという事実です。ちなみに、当時、この隣組体制の頂点に立っていたのは、大政翼賛会で、以下、中央協力会議→県協力会議→郡・市協力会議→町・村常会→隣組というふうに降りてくるわけです。

それから、この隣組というものを考える際に重要なのは、いかにもこれが「宗教」を思わせるということだと思います。常会は、宮城遥拝、「靖国の英霊」に対する黙禱から始まっています。先ほど、戦中の日本は「疑似宗教国家」、あるいは「宗教国家」と化したということを言いましたが、その現実的な形態は、こういう常会の進行に見ることができるわけです。

まだ、証明できるところまではいきませんが、戦中の日本で、こういった隣組が整備されたというのは、既成宗教が作り上げていた組織を参考にしていたのではないかと考えています。具体的には、浄土真宗の「講」(寄合講)、天理教の「教会」、ひとのみち教団の「朝詣《まい》り」の集会といったものですが。

すなわち、昭和一〇年代の日本は、いわゆる「邪宗」を弾圧し、既成宗教を厳しく統制してゆく一方で、みずからが「宗教国家」化してゆく過程をたどったと思うんです。実は私は、大きな宗教的弾圧があったあとは、国家そのものが「宗教国家」化してゆくという仮説を持っています。[*47] これを着想したのは、『邪宗門』という小説を読んでいたときですね。高橋和巳さんが書かれた『邪宗門』です(初出、一九六五〜一九六六)。彼は、その小説の最後のほうで、おもしろい指摘をしているんです。つまり、戦時体制の進行にともない、すべての既成宗教、信仰宗教の信徒数が「がたへり」になったというんです。その理由について、彼は、こう考えました。

「何故か、何故だろう?

おそらく一つは隣組制度の確立、大日本婦人会の浸透にある。のべつまくなしに回覧板が

＊47　礫川「オウム事件後のニッポン、または大本教事件後の大日本帝国」、『ニッチ』No.29（二〇一四年一月）。

まわり、朝は町会単位のラジオ体操とか神社や道路の清掃などの勤労奉仕、昼には廃品回収や防空演習や兵士の見送り、夜には公債割当ての相談から、やがて日常の世話や相互監視。まじめな世話好きの人間はむやみと張りきり、人々は擬制的な近隣の連帯感のなかに自己を埋没させていく。宗教団体が行なうべき日常的活動の大半は、政治にうばわれ、人々は新聞雑誌をにぎわす、より大規模な戦争の予感に、信条の相違を超えて団結したのだ。」

ハッと思いました。国家が、いわゆる「邪宗」を弾圧し、既成宗教を厳しく統制していった結果がこれです。国家が戦時体制を構築し、隣組を整備してゆくということは、言い換えれば、国家が宗教の手法を取りいれ、みずから「宗教国家」化していったということなのではないのかと。

森●宗教を弾圧しながら、その宗教集団が内在する組織のヒエラルキー的な要素を、国家が収奪しながら踏襲してきたということですか。

礫川●そういうことだと思います。

――江戸時代にも、五人組というものがあって、民衆支配に使われていたわけですが、それと本質的な違いがあるんですか。

礫川●五人組は、江戸時代に作られた互助組織であり、その実、相互監視システムです。隣組にも、もちろん、そういった性格はあったわけですが、人々を戦争協力に駆り立てる、マインドコントロール的な、つまり宗教的なところが、隣組の特徴だったのではないでしょうか。もちろん、これは私見であって、ほかにそういうことを言っている人がいるわけではありません。

――大本教やひとのみち教団の組織というのは、教団が独自に作り出したというよりは、行政サイドの方法をベースにしながら組織していったのではないでしょうか。創価学会も立正佼正会も同じ方法で組織化を図っていますから、組織化の方法は同じ手法ではないかと思いますがどうなのでしょうか。

礫川●宗教教団の組織が、行政サイドの方法をベースにしていたことは、ありうることですが、行政サイドもまた、宗教教団の組織を参考にしていたということがありえます。つまり、相互に影響を与えている。たとえば、浄土真宗の講（寄合講）と五人組の前後関係といった問題は、面白いテーマだと思っています。

先ほど申し上げたかったのは、戦中の隣組が、宗教的な色彩を帯びたものであり、先行する何らかの宗教の手法を取り入れたものに違いないということです。

立正佼正会の組織についてはよく知りませんが、創価学会の末端組織「座談会」は、おそらく、戦中の隣組の「常会」をヒントにしているのだと思います。

――現在でも、各地に町内会がありますが、町内会、自治会は、まったくの民間団体です。しかしこれに、厚労省の民生委員の役割が重なっています。そのあたりのことと、国家が民衆を個別管理していく方法とが、どのように関連しているのかは、もっと追究されてよい問題だと思いますが、どうなのでしょうか。

礫川●まったく、ご指摘の通りです。

高橋和巳さんは、『邪宗門』の中で、「まじめな世話好きの人間はむやみと張りきり、人々は擬制的な近隣の連帯感のなかに自己を埋没させていく」と書いていました。避難訓練や防災訓練をやると、豪邸に住んでいるマダムも、長屋のおかみさんも対等になるということも書いていました。ふだん威張っていた人が、バケツで水を運ぶこともできないのかと、みんなからバカにされる。地域住民が、すごく生き生きしていたと言うのですね。

戦時体制の一面をよく描いています。昭和一〇年代には、大本教もひとのみち教団も弾圧されてしまいましたが、今度は国家が、同じような手法で住民を組織し、住民がみずから積極的に国家に貢献してゆくようなしくみを作り出そうとしたわけです。

先ほど、言いかけましたが、大きな宗教的弾圧があったあとは、国家そのものが「宗教国家」化してゆくという仮説を私は持っています。大本教の弾圧が一九三五年(昭和一〇)、ひとのみち教団の弾圧が始まるのが、翌一九三六年(昭和一一)です。その数年後に、宗教団体法の公布・施行があったことは、偶然ではないと思っています。

近年では、一九九五年のオウム真理教事件から四年たった一九九九年に、国旗国歌法[*48]が制定されたという事実に注目すべきです。その後、二〇〇二年には、文部科学省が全国の小・中学校に、『心のノート』という道徳副教材を、配布しました。二〇〇三年には、東京都教育委員会が、「一〇・二三通達」というものを発し、教職員に「国歌斉唱義務」を課しました。東京都特定教科「奉仕」が導入されたのが二〇〇七年度。こうした動きを私は、「宗教国家」化として捉えています。

森●自民党首相官邸のホームページからは、平成一二(二〇〇〇)年に更新された教育改革国民会議のウェブサイトにリンクすることができます。教育改革についての検討を行うために、当時の小渕恵三首相が設置した私的諮問機関です。

例えば「警察OBを学校に常駐させる」とか「団地やマンションには床の間を作らせる」「学校に畳の部屋を作る」「子どもは年間二か月間は勤労奉仕をさせる」などの項目が、大真面目に書かれています。床の間の意味は何か。明らかに神道的な回帰を示しています。しかもまったく臆面なく。

礫川●宗教ですね。

森●確かに自民党にはそういった体質があります。教育改革国民会議は一昔前の提言だというのなら、改造後の第二次安倍内閣の閣僚一九人中一五人が、日本会議国会議員懇談会に所属していました。さらに一六人が神道政治連盟国会議員懇談会に所属しています。ちなみに神道政治連盟国会議員懇談会の会長は安倍首相です。

礫川●恐らく彼らは、それを宗教としては意識していないと思うのです。「普遍的な道徳」だとか、「国家が掲げる規範」だとか、そういう形で持ってくる。これは、戦前に、松尾長造文部省宗教

＊48 国旗及び国歌に関する法律(平成十一年八月十三日法律第百二十七号)。

局長が、わが国において神社参拝を拒むような者は、安寧秩序を紊《みだ》す者だと断定していたのと同じ発想です。だからこそ、怖いんです。

戦前の隣組も、手法に宗教的なものがあった。そういう形で人々の心と体をコントロールしていったという点に、もっと注意を払うべきだと思うんです。

森●教育改革国民会議の設置を決裁した小渕内閣（一九九八年七月～二〇〇〇年四月）は、国旗国歌法や住民基本台帳法、通信傍受法などを次々に法制化しています。これらすべてに共通することは、国民の管理統制を前提にしているということです。でも反発は薄かった。オウム事件以降、集団化が進んでいるからです。

イワシやムクドリは自然発生的に集団がひとつの生きもののように動くけれど、言葉を持つ人間の集団は号令を求めます。つまり強いリーダーが欲しくなる。

こうしてオウム真理教事件以降、社会がある意味で「オウム化」したと思います。それはもちろん、ナチス・ドイツ化でもいいし、文化大革命時代の中国化でもいい。つまり集団化ですから。そのときに燃料になるのが「危機意識」です。そしてこれはまさしく、事件を起こす当時のオウム真理教にも充満していました。

宗教の本質的な危険性。組織共同体の過ち。オウム真理教がサリンを撒いた背景を、これまで二つの観点から説明しましたが、もう一つは、彼ら、もしくは麻原彰晃が抱いた過剰な危機意識です。自分たちは攻撃されているとの意識を保持したからこそ、反撃を正当化できるわけです。

つまり正当防衛です。

二〇世紀以降の戦争のほとんどは、侵略ではなくて自衛戦争です。自衛だから大義がある。でも実のところは互いに自衛だと思い込んでいる。

麻原彰晃がそうした危機意識を抱えてしまった背景を、僕は麻原彰晃がほぼ盲目状態だったことが要因として強く働いたと考えています。目が見えないから新聞やテレビを利用できない。つまり利用できるメディアが限定されてしまう。そこで側近たちが麻原彰晃のメディアになった。ところが側近たちは競争意識があるから、麻原彰晃が強く反応する情報ばかりをあげるようになった。自衛隊が強制捜査に加わるらしいとか、米軍が攻撃してくるとか、フリーメーソンの脅威が迫っているなどの謀略論までも含めて、危機を煽るような情報ばかりを受容した麻原彰晃は、当然ながら危機意識を肥大させる。要するに市場原理に捉われたメディアとマーケットの関係です。特にサリン事件直前の麻原彰晃の説法などには、社会はそこまでやるのか的なニュアンスが強くなっています。こうして自衛の論理が正当化される。まさしく今の日本社会の合わせ鏡です。

礫川●ヘイトスピーチ[*49]の根底にあるのは、まさにその危機意識ですね。

森●ヘイトスピーチの場合は集団の意識もメカニズムのひとつです。集団は少数派を探して排斥したくなります。自分たちは多数派になりたいから。実質的に在特会は日本社会において多数派

＊49 「在特会」(在日特権を許さない市民の会)がおこなっている、差別的スピーチ。「ヘイト」(hate)は憎悪の意味。

ではないけれど、ネットによって疑似多数派意識を保持できるからです。

礫川●とりあえず、何か身近なものに敵を見出し、攻撃していくという。

森●集団は敵を探します。いわゆるネトウヨ的行動ですね。強いリーダーを求める意識もここに繋がります。安倍政権を支持する若い層もこれに近い。まずは北朝鮮、次に中国、韓国と、オウム真理教事件以降の二十年は、隣近所すべてを仮想敵に見なそうとする時期でもありました。

3・11の東日本大震災も、集団化を加速させるひとつの要因になりました。この年の流行語大賞である「絆」や「がんばれニッポン」が示すように、不安と恐怖を喚起された社会は連帯を求めます。

補足しますが、集団の一員になりたいとする意識は人類にとっては本能に近い。人間は一人では生きられない。究極的なほどに社会的な生きものです。否定しても仕方がないし、もたらされる益もたくさんあります。ただし副作用がある。その意識が薄すぎる。これだけ何度も同じような失敗を重ねているのに。

礫川●森さんのいう「集団化」というのは、吉本隆明の用語で言えば、「関係の絶対性」ということになるかもしれません。これは、今ふと思ったことですけど。

オウム真理教は、もちろん凶悪なことをやったんだけれども、それでもなおかつ、一連の事件あるいは裁判というものを、後世の研究者が、宗教弾圧として総括できるような資料とか材料は、チャンと残しておかなければいけないのではないか、と私は思っています。

また、実はあの事件には、かなり権力の謀略が存在していたなどということも、あとになって証明されるかもしれない。そういった研究ができるように、やはり、資料や材料は、残しておく必要があるのではないかと思っています。

かつての大本教やひとのみち教団には、かなりスパイが入っています。もちろん、権力側の。だから、弾圧は自由自在です。戦前の日本共産党にもスパイが入っていて、実はトップ級がスパイだったというとんでもない話がある。これも、わかったのは、はるかにあとになってからです。

いずれにしても、権力というものを甘く見てはいけないなと思っています。

それから、今でも疑問なのは、オウム真理教と自衛隊の関係です。この事件の捜査に関して、警察と自衛隊との間に、どういうヤリトリがあったのか。また、警察内部の公安部と刑事部の関係もわかりません。そのあたり、未解明な部分が多過ぎると思っています。

森●確かに少なくはないです。

17 オウム事件の不透明部分

礫川●最近、佐藤道夫さん[*50]という方が書いた『「不祥事続出警察」に告ぐ』（小学館文庫、二〇〇〇）という本を読みました。それによれば、坂本堤弁護士一家殺害事件の背景には、一九八六年に起きた共産党幹部宅盗聴事件がありそうなんです。

佐藤さんによれば、盗聴された日本共産党国際部長（当時）・緒方靖夫さんの家は、東京都町田市にありました。この家の電話を神奈川県警の警察官が盗聴していたわけです。なぜ、神奈川県警の警察官が、所轄外の町田市で盗聴をおこなっていたのか。佐藤さんの推理はこうです。おそらく、盗聴を計画したのは警視庁であろう。しかし、もし発覚した場合、リスクが大きすぎる。だから、神奈川県警にその「汚れ役」を押しつけたのではないか、と。

ここからは、わたしの解釈ですが、神奈川県警の管轄内で、共産党幹部宅盗聴事件が起きたとき、どう考えても、神奈川県警の捜査には不備があった。ところが、なぜかこれが、なかなか問題にならなかった。この背景には、神奈川県警がふだんから、「汚れ役」を押しつけられていることを知っている検察庁などの上層部が、神奈川県警に対して、強く言えなかったのではなかったか。このように考えると、共産党幹部宅盗聴事件というのは、オウム真理教事件の重要な伏線になっていると思います。

なお、佐藤道夫さんの、この本の「解説」は、江川紹子さんが担当しています。

それから、今日は重いので持ってこなかったのですが、私は今でも、オウム真理教事件のころの週刊誌を、たくさん保管しています。その当時の週刊誌の記事というと、もうほとんどガセネタという感じなんですけれども、その中でも、『週刊プレイボーイ』の記事に限っては、オッと思わせるような記事が多かったように思います。

特に、『週刊プレイボーイ』の記事で注目させられたのは、匿名の検察関係者、警察関係者からの情報

『週刊プレイボーイ』(1995.8.15、No.33)

＊50　元札幌高検検事長、一九九五年の参議院選挙に、二院クラブ比例代表区から立候補して当選。

でした。そうした関係者の見方が、非常にうがったもので、妙に説得力がある。いったい、プレイボーイ誌は、どうやって、こういう情報を集めてくるのか、不思議でした。ことによると、佐藤道夫さんも、そうした匿名の情報提供者のひとりだったのかもしれません。

結局、そのあと、オウム真理教は極悪の狂信集団ということになって、この当時、報じられていた情報は、謀略論を含めて、その真偽を検討されることもないまま、忘れ去られることになってしまったわけです。これは、非常に残念なことだと思っています。

森●当時の『週プレ』(『週刊プレイボーイ』)や宝島など一部の雑誌は、確かにオウム叩き一辺倒の他誌とは一線を画していましたね。

礫川●私の知人で、事件当時、『週刊プレイボーイ』で働いていたという男がいて、だいぶ前に会ったとき、麻原彰晃関係の記事について、麻原彰晃のお兄さんに謝罪するため、熊本まで行ってきたという話をしていました。

どうしても不安が去らない理由は、情報洪水の中の「警察の沈黙」だ。

ぼくらは何も見ていない!

総力ワイド特集・第5弾
〈オウム〉の終焉

細切れ情報の危なさ

なぜ隠すのか!?

つきまとう「いやな感じ」

関東大震災の教訓を

『週刊プレイボーイ』(1995.9.16、No.19・20 超特大合併号)

森●それは藤原新也さんの連載です。藤原さんが麻原彰晃の兄に会って、麻原水俣病説を仮説として提示する。結果としてはそれが要因となって、連載が中断しました。

礫川●オウム真理教事件というのは、トータルに、いろんな角度、いろんな視点から研究してゆく必要があると思います。いろんな視点はありますが、「宗教と国家」という視点だけは、はずしてはならないと、いまも考えています。

それにしても、森さんのような存在は貴重です。まさに孤軍奮闘というか、あとの人は、ほとんどオウム極悪説ですから。この状態は、権力側にとっては、都合のいい状態だと言えそうですね。

森●そうですか？　決して孤軍ではないと思いますが……。

礫川●孤軍奮闘というのは、言い過ぎでした。

森●ただ確かに、例えば麻原彰晃の今の状況などについては、あまり大きな声では言えないと考える人は多いのかなとは思います。

いずれにせよ僕は、「宗教と国家」という視点に言及するならば、やはりオウム法廷に如実にあらわれたと思います。ただ、それが国家の意思といえるかどうかが問題です。

礫川●国家の意思というものが、どこで、どういうふうに働いているのかはわかりませんが、例えば、井上嘉浩にリムジン謀議について証言させるといったように、巧みに証人を誘導してゆくというような「意思」が、どこかで働いていたのではないでしょうか。

その一方で、この事実とこの資料は、確実に隠すという「意思」も働く。ただし、そのメカニズムはわからないし、シナリオ的なものがあったのかどうかも、わからない。このあたりは、むしろ、森さんのほうがおわかりになるのではないでしょうか。

こういったことについては、権力側の当事者というか、キーパーソンであった人が、回想などの形で、あとから真相を語るということもあり得ます。しかし、そういったキーパーソンを探し出し、証言を引き出すということは、極めて難しいことだという気がしますね。

もちろん、この「キーパーソン」は、事件を引き起こした側、つまり、麻原彰晃なり、井上嘉浩であっても構わないわけですが。

森●オウムの事件とよく並列される連赤事件（連合赤軍事件）では、あれだけ多くの人が殺傷されたのに、実はひとりも死刑になっていません。森恒夫は裁判が始まる前に自殺したし、永田洋子も結局は病死です。坂東國男は超法規的措置で国外逃亡。坂口弘さんは今も確定死刑囚のまま拘置所にいます。他はみな、もう出所して社会に出てきています。

だから彼らは今、実際に同志殺しに加担した植垣康博さんなどを中心に、あの事件を考察するシンポジウムなどを定期的にやっています。どうしてあんな状況になったのか、どうして同志殺しまでエスカレートしたのか、必死に考えています。

数年前にシンポジウムに参加しました。そのときは僕以外には、鈴木邦男さんや雨宮処凛《かりん》さん、元赤軍派議長の塩見孝也さんもいましたね。あとは連赤の元兵士や全共闘の人たち。多くの参加者の発言を聞きながら、つくづく「連赤はいいな」と思いました。「いいな」という述語は変だけど、こうして考え続けることができる。生き証人がたくさんいますから、いろいろなことが明らかになっています。

でもオウム真理教の場合は、事件の中心にいた信者たちは、ほぼすべて死刑判決を受けています。今は一三人。高橋克也にも死刑判決が出る可能性は高い。その裁判が終わればいっせいに処刑が始まると予想する人はたくさんいます。ならば事件のディテールについて語る人がいない。謀議の際に何があったのかわからない。しかもキーパーソンの麻原彰晃は、すでにほぼ意識は崩壊している。壊れたんじゃない。壊されたのです。

この背景には、皮肉なことにオウム真理教事件をきっかけにした厳罰化の影響も働いています。結局のところこの社会は、自らが主体となって、オウムについて考える要素を自ら手放している。オウム真理教の確定死刑囚の半分近くと、僕は何度も面会しました。手紙の交換も、死刑が確定するまでは続けていました。だから悔しい。彼らを殺したくない。本当にそう思います。

礫川●戦中の日本に起きた宗教弾圧は、きわめて過酷なものがありましたが、それでも後になって、『宗教弾圧を語る』[*51]というような本が岩波新書から出て、その苛酷さが、後世に語り継がれて

*51　小池健治・西川重則・村上重良編『宗教弾圧を語る』（岩波新書、一九七八）。この本で取り上げられているのは、大本事件、ひとのみち事件、新興仏教青年同盟事件、ほんみち事件、ホーリネス教会事件、植民地下朝鮮のキリスト教の六事例である。

ゆくわけです。
　ところが、オウム真理教に関しては、ほとんど何もわからないまま、歴史の闇に消えていくことになりそうです。
森●少なくとも宗教弾圧の文脈で語られることは、今後もないと思います。もちろんオウムが実際に社会に対して牙を剝いたことは確かですから、宗教弾圧の文脈は正しくないとは思いますが。
礫川●そうですね。私はオウム真理教を肯定する気もないし、心情的に共感することもないのですけれども、後世の歴史家のために、もう少し、資料だとか証言だとか、事件の概要が確実に伝わるようなものを、残しておくべきだと思います。
森●特に最近、残しておくべきものを抹消する傾向が、どんどん大きくなっているように感じます。例えば、東日本大震災の後、津波で骨組みだけになった南三陸町の庁舎を残そうという動きがあったのですが、遺族たちが傷つくからというような声が出て、結局は取り壊してしまいました。
　上九一色村《かみくいしき》にあったオウム真理教のサティアンもそうですね。裁判がまだ終わっていない時点で、最大の証拠物件であるはずのサティアンをすべて取り壊して更地にしてしまった。その後はアミューズメント施設を作ったり公園にしたり巨大なドッグランにしたり、とにかく二転三転しています。要するに上書きです。この国はすぐにこれをやる。何と言ってもあのアジア・太平洋戦争もそうですね。

かつては今ほどじゃなかったと思う。広島の原爆ドームは残っています。これも今だったら、原爆の被害者や遺族の心の傷やＰＴＳＤを理由に取り壊してしまうでしょう。

被害者遺族への共振が強くなったのは、やはりオウム真理教事件以降です。その帰結として被害者や遺族への聖域化が始まった。もちろん被害者や遺族はケアされるべきです。配慮は当然です。でもそれが過剰になると同時に自同律になってしまっている。厳罰化の最大の要因です。例えば拉致問題も、これほどに混迷してしまった理由の一つは、北朝鮮の現体制崩壊を宿願とする救う会のプレゼンスです。それが家族会と融合してしまった。それらも含めて、やはりオウム真理教事件以降、いろいろな形で、事実を歪めてしまう傾向が強まっているという気がします。

18 オウムを表現する

礫川●私のような無名の人間は、何か書いたとしても、それで抗議を受けるとか、そういうことはないんですが、森さんのように、オウム真理教事件という厄介なテーマについて、表現活動を続けておられますと、叩かれるとか、石を投げられるとか、これはあくまでも比喩ですが、そういったことはないですか。

森●直接的には、ほとんどないです。『A3』が講談社ノンフィクション賞を取ったときはちょっとありましたけれど、思いだすのも不愉快だからあまり触れたくないです。

礫川●森さんには、同志というべき人や、共感してくれている人はいますか。

森●たくさんいますよ。まずは『A』プロデューサーの安岡卓治。大事な同志です。もちろん他にも、『A』や『A2』のスタッフ、あるいは書籍の担当編集者、さらには同志とはちょっと違うけれど映画を見に来てくれた人や本を読んでくれた人なども、僕にとっては大切な存在です。ただまあ確かに、特にメディアの表舞台にいる人たちは、大きな声で支持してくれることは少ないですね。

――ずいぶん前のことになりますが、森さんが朝日新聞の中面で、オウム真理教事件についてインタビューを受けて語っていた文章を読みました。私は、映画監督でこういうことをやっている人がいるのだと思って驚くと同時に、この事件は単なる犯罪者集団の事件ではないということを、はじめて知ったのです。

オウム真理教事件について、それほど深い関心を持っているわけでもなかったこともあって、しばらく、関心が消えてしまっていたのですが、たまたま『A3』という本が出ていることを知って読んでみました。まさに事件の核心に迫る内容で、この事件にはこういう背景があったのかと、はじめて知ったわけです。

礫川●朝日新聞も、よく取材されたと思うし、集英社もよく『A3』を出したと思います。そういう細いつながりによって、それまでとは違った見方をするようになる人も、少しは増えてゆくんだと思います。

森●映画『A』公開のときは、全国紙や主要週刊誌などは、だいたいすべて記事を出してくれたんです。

でも記事のニュアンスが何とも言いがたい。例えば週刊新潮は、記事のタイトルが「これはオウム擁護映画か?」というようなニュアンスでした。最後がクェスチョンです。オウム擁護映画と思うのならそう断定してくれてもいいのに、何となく歯切れが悪い。隔靴掻痒なんです。だから読者も戸惑う。これは他の新聞や雑誌にも共通していたように思います。この傾向は今でもありますね。『A3』についても同様です。

礫川●週刊新潮というのは、いつも独特のスタンスで、報道してきたという印象があります。新潮社の創業者である佐藤義亮《ぎりよう》という人は、先ほどから何度も名前が出てきた「ひとのみち教団」の信者です。信者どころか、相当の幹部ですよ。弾圧を受けるまで、ひとのみち教団が出していた広報誌『ひとのみち』の裏表紙には、毎号、新潮社が出していた総合雑誌『日の出』の全面広告が載っていました。

ひとのみち教団に対する弾圧は、新潮社にまでは及ばなかったようで、佐藤義亮は、ひとのみ

みんな變つて行く

新潮社長 佐藤義亮

ひとのみちに入教して、眞面目に精進する人の姿を見てゐるくらゐ、愉快なものはない。

二ヶ月、三ヶ月、半年、一年――みんな變つて行く。遲い早いはあるがみんな變つて行く。

痩せてゐたものは、ドン／＼肥りだす。

青ざめた顔色は、赤味を帶んで潑々しくなる。

因循姑息だつた者が、實行第一と働きだす。

人中で口のきけなかつた者が、演壇で大聲でしやべる。

まるで他人のやうだつた夫婦が、ニコ／＼連れだつて來て、連れだつて歸る。

家庭から學校から持てあまされた「赤」の青年が、いつの間にか陛下の御徳を讃へだす。

有爵の紳士が、シャツ一枚になつて、いゝ氣持さうに厠の掃除などをやつてゐる。

等、々、々。みんな陰鬱を蹴飛して、明朗になるのだ。

これが、ひとのみち人の眞面目に精進する場合、例外なく變つて行く姿だ。

これでインチキな教ならインチキ結構、邪教とあらば邪教でも一向差支へない。私たちは、この絶對の幸福境にあることを歡天喜地するのみだ。

40

『ひとのみちに対する誤解を一掃す』より。1936.3.10、発行人・佐藤義夫、発行所・扶桑教ひとのみち教団奉仕員連盟東京地方連盟。

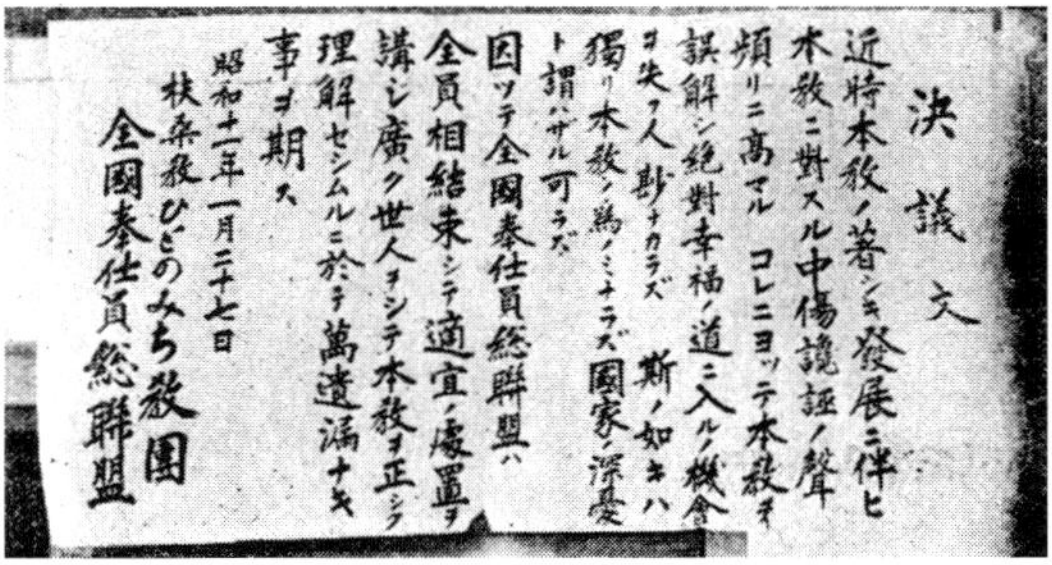

決議文

近時本教ノ著シキ發展ニ伴ヒ本教ニ對スル中傷讒誣ノ聲頻リニ高マル　コレニヨッテ本教ヲ誤解シ絶對幸福ノ道ニ入ルノ機會ヲ失フ人尠ナカラズ　斯ノ如キハ獨リ本教ノ爲ノミナラズ國家ノ深憂ト謂ハザル可ラズ

因ッテ全國奉仕員總聯盟ハ全員相結束シテ適宜ノ處置ヲ講ジ廣ク世人ヲシテ本教ヲ正シク理解セシムルニ於テ萬遺漏ナキ事ヲ期ス

昭和十二年一月二十七日

扶桑教ひとのみち教團

全國奉仕員總聯盟

扶桑教ひとのみち教団　第四回奉仕員連盟総会の決議文

ち教団が弾圧された後も、何事もなかったように『日の出』を出し続けて、戦後にいたります。ちなみに、『日の出』は戦後間もなく、廃刊しました。

新潮社には、作家たちから「神様」として恐れられた齋藤十一《じゅういち》という編集者がいましたが、この人も、ひとのみちの信者で、その縁で新潮社にはいったと言われています。

昭和初期の新潮社というのは、要するにひとのみち教団の別動団体だと見てもいいのではないかとすら、私は思っています。

そういう経緯があるからかどうかは知りませんが、どうも新潮社というところは、創価学会という宗教団体に対しては敵対的ですね。

ひとのみちは、中流上層を狙って布教していたのですね。それに対して、創価学会は、これは戦後のことを念頭において言いますと、中流下層を狙って布教していくわけですね。だから、性格的には合わないわけです。系譜としては、ひとのみちは、教派神道系で、創価学会は、日蓮正宗系で

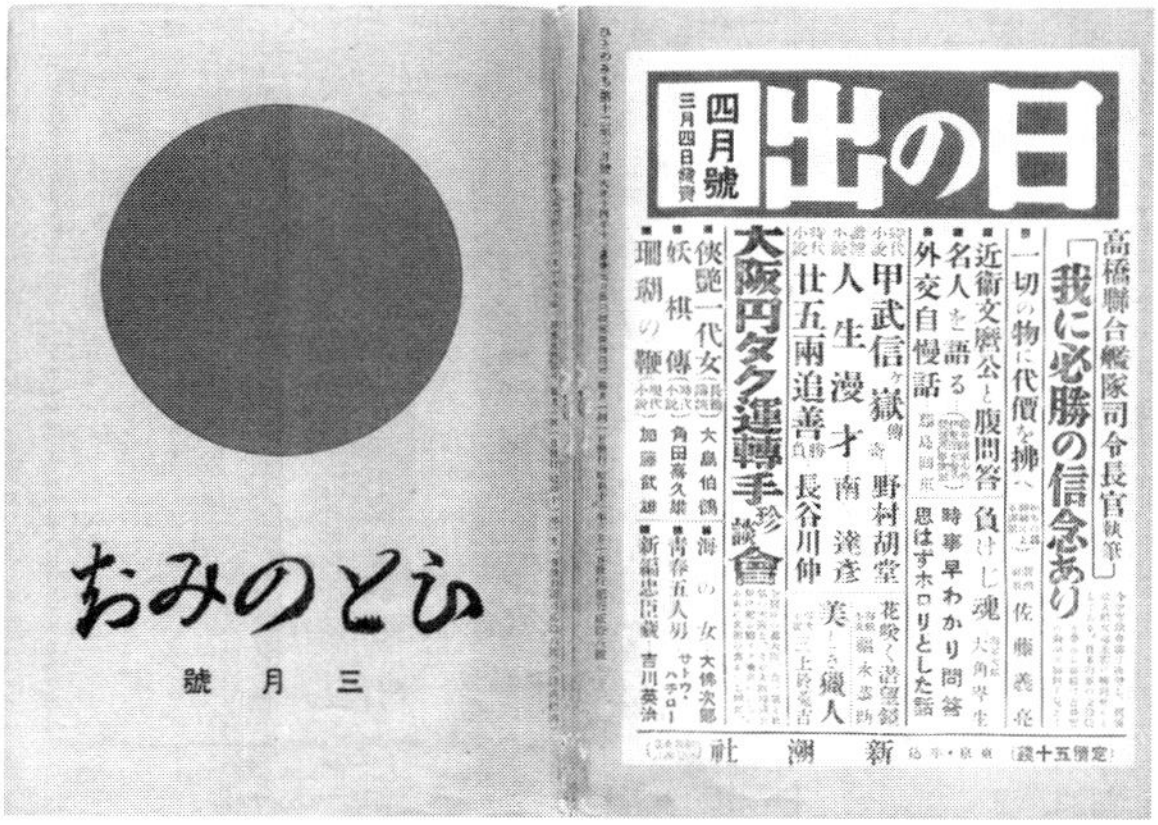

左側は月刊『ひとのみち』の表紙（1936年3月1日、128号）
右側（ウラ表紙）は、『日の出』1936年4月号の広告

す。国家観も違います。

ひとのみちは、教育勅語を教典に採用するなど、反国家的な色彩はまったくなかったのですが、それでも、国家権力は、その存在を許さなかったのです。ひとのみち教団と強い結びつきを持っていた新潮社は、ひとのみち教団が弾圧されたあとも存続しますが、ひとのみち弾圧時のトラウマは、その後の社風の一部になったのではないでしょうか。

今日、週刊新潮が、国家権力あるいは皇室に対してとっているスタンスは、どこか醒めたものがありますが、おそらくそのあたりは、新潮社の社風を反映しているのかもしれません。

私は、新潮社というのは、ある意味で、権力の恐ろしさというものを、よくわかっている出版社ではないかと見ています。

森●週刊新潮も含めて雑誌ジャーナリズムは、世相に逆張りするという一面があります。みんながほめそやしたら、そうでもないよと叩く。みんなが叩くのなら、それで正しいのかと問題提起する。週刊文春もその傾向はありますね。

二〇〇四年に、イラクで日本人三人が武装勢力に拘束されたとき、「自己責任」という言葉が社会に流通し、自民党の政治家たちもこれを口にしました。

国家としては渡航を薦めていなかったのに、自分の判断で行ったのだから自己責任だとの論理です。ひどい話です。ならば遊泳禁止の海岸で泳いで溺れたのだから放っておけということになる。しかも三人は物見遊山で行ったわけじゃない。高遠さんはボランティアの人道支援です。残りの二人はジャーナリスト。

危ない場所に行ったから自己責任だと叫ぶ人に言いたいけれど、そこが危ない場所であるとの認識を、どうして社会は持つことができるのか。ジャーナリストが取材するからです。ところがそのジャーナリストが危ない目に遭うと、自己責任だから放っておけと主張する。明らかに倒錯しています。

この「自己責任」を最初に活字にしたのが週刊新潮でした。そのとき新潮社の編集者とたまたま話す機会があって、「あれひどいね」って言ったら、「いや実は」と説明してくれました。世間がほめたら俺たちはけなす。世間が右なら俺たちは左。それが雑誌ジャーナリストだと思ってやってきた。だから三人が拘束されたとの報道があったときも、当然世間は、「三人を救え」となるだろうから、ならば逆に張れとのつもりであの記事を掲載したら、世間がみんなこっちにきてしまったというのです。つまり座標軸が以前とは変わっている。国家の指示に背いたから見捨てろというのが、社会のマジョリティになってしまっている。同じように何かをきっかけに一色に染まる傾向が、急激に強くなっている。

礫川●それは怖いですね。

19 組織とイデオロギー

礫川●雑誌ジャーナリズムにたずさわっている人たちが、相互に研究会などを持っているのかどうか知らないけれど、もう少し勉強したほうがいいのではないでしょうか。たとえば、戦中におけるジャーナリズムの歴史とか、戦中・占領中における検閲の実態とかを。

新潮社の編集関係者だったら、新潮社というのは、かつて、「ひとのみち」とどういう関係にあったのか。今日の「社是」は、どのような系譜をたどって確立してきたのか。そういったことを、もっと研究したほうがよいように思います。

おそらく、新潮社の従業員も、新潮社から本を出している文筆家も、そういうことは、あまり知らないのではないでしょうか。

私は、昔、サンカの研究をやっていて、三角寛《みすみかん》という作家を追っていたら、この人が、「ひとのみち文士」と呼ばれる、ひとのみち教団に属する文士であることがわかりました。当時、吉川英二、国枝史郎、下村悦夫といった作家も、「ひとのみち文士」であったと聞いて驚いたのですが、自分のまわりには、そういうことを知っている人は誰もいませんでした。ちなみに、当時、「ひとのみち文士」として、最も有名だったのは三角寛で、彼はひとのみち池袋支部の中心人物でした。

それから、さらに調べてゆくと、ひとのみちと新潮社との深い結びつきが見えてきました。当時、牛込の矢来町《やらいちょう》に、ひとのみちの牛込支部があって、新潮社の佐藤義亮社長は、その支部の中心的人物。ちなみに、新潮社もまた牛込の矢来町にあって、ほとんど隣接していたという話もあります。新潮社に入社したら、ひとのみちに入るという不文律があって、新潮社に出入りしていた博報堂の社員もひとのみちに入ることを勧められたと言います。これらは、当時、大宅荘一が『日本評論』という雑誌に暴露していることです。[*52]

これに近い事例が、今の日本にあるのかどうかわからないけれども、一九九七年に経営破綻した「ヤオハン」の従業員は、全員、ある宗教に入信することになっていたという話を聞いたことがあります。

また、パナソニックの創業者である松下幸之助が書いている本は、どれもこれも宗教臭く、彼が提唱したPHP運動というのは、一種の宗教ではないかと、私は捉えています。ちなみに、松下幸之助の生家は浄土真宗で、彼自身は、一九三二年（昭和七）に天理教の本部を訪ね、経営の

＊52　礫川『サンカと三角寛』（平凡社新書、二〇〇五）

ヒントを学んだと言われています。[*53] この松下幸之助の影響力は、「松下政経塾」を通して、日本の政界にも及んでいます。

というわけで、日本人というのは、意外に宗教というものと縁が深いようなのです。特に、「企業」に宗教色が強いように思います。『カルト資本主義』（文藝春秋、一九九七）という本を、斎藤貴男さんが書いておられるけれども、多くの日本人は、おそらくここに書かれている事実を、素直には受け入れないと思います。

たまたま、オウム真理教のような教団があらわれると、ひどいバッシングにあいますが、企業文化の一部をなしているカルト主義は、なかなか批判の対象にはなりません。

日本人は、「私は無宗教です」という人が多いわけですが、本当は、かなり宗教的なのではないでしょうか。

森●決して信仰心が薄いとは思えないですね。でも信仰の回路を与えられていない。

礫川●二〇一四年に私は、『日本人はいつから働きすぎになったのか』という本を出したんですが、この本で私が言おうとしたのは、要するに、日本人の「勤勉性」を支えているのは、一種の宗教性ではないかということなのです。支えているのが宗教性だからこそ、一心不乱に働いて、ついには過労死してしまったりする。それを、マックス・ウェーバーの方法を使ったりして、もっともらしく書いたんです。

森●カルヴァン派ですね。

礫川●はい、カルヴァン派の勤労倫理です。やっぱり労働者が真面目に働くっていうことも、ウェーバーに言わせれば、「エートス」という宗教的なものに突き動かされているということになる。日本の場合は、また、別の要素、たとえば浄土真宗門徒の勤勉性といったものなどが入ってくるわけです。こむずかしく書いてしまったんだけれども、読んでくださる方がいて、ネット上に、結構その感想が載っています。

森●それを僕の語彙にすれば、やっぱり組織や集団になります。信仰も結局は共同体ですから。かつては皇軍兵士で国家やそれを統括する大君のために身を捨てて、戦後は所属した会社のために身を擦り減らして奉公する。共通するキーワードは滅私奉公です。こうして高度経済成長が実現したけれど、サラリーマンの過労死などが社会問題になりました。

礫川●そのことは、まさに私の本のモチーフです。ただし、私の本の場合、組織論という要素はなくて、ほとんどイデオロギー論です。

森●国家にせよ会社にせよ、そして信仰にせよ、構成員が私を滅して奉公することが基本原理のひとつです。群れる生きものである人類が抱えた普遍的な属性ではあるけれど、日本人はこの傾向が強い。組織や集団で動きたがる。

大きな組織の一員になると安心するんでしょうね。それは否定しません。僕だってそうです。

*53　礫川『日本人はいつから働きすぎになったのか』(平凡社新書、二〇一四)

でも組織は暴走します。そのリスクに対してもっと自覚的になったほうがいい。そのために必要なのは正しい歴史認識です。組織の不条理さや残虐さを知るうえで、自分たちの加害の歴史を知ることは重要です。そしてしっかりと絶望すること。ところが日本人はこの絶望が中途半端です。都合の悪いことから目を逸らしてしまう。だから何度も同じ過ちをくりかえす。

磯川●オウム真理教という教団も、日本人の組織に働くメカニズムとの関係で理解していかないと理解できませんね。その組織が、どういうメカニズムで動いているのか。上の思いを忖度して下が動いていくといった、そういうメカニズムを理解していかないと。

森●その通りです。麻原彰晃という絶対的な君主がいて、信者たちはひれ伏していたと考えると、漫画やヒーローものの悪の結社のようだからわかりやすいけれど、実はそうではなかったと僕は思っています。信者からの過剰な忖度が下部構造の要素のひとつになりながら、麻原彰晃の絶対性が造形されていた。そしてこの忖度は、下から上への方向だけではなく、上から下にも働きます。つまり麻原彰晃が側近たちに向けた忖度です。ポピュリズムと言い換えればわかりやすいでしょうか。閉鎖された組織であればあるほど、このポピュリズムは前面に出てきます。

拘置所で面会した側近たちは、僕のこの見立てを積極的には支持しません。ニュアンスはわかるけれど、やっぱり彼は絶対的な指導者だったよと首をひねります。その気持ちもわかるんです。そう考えないと自分たちの行為を正当化できないし、さらに群れの中の一員には、群れの暴走が実感できなくなる。周囲がすべて同じ方向に同じ速度で動いていますから。結局は互いに迎合し合いながら、ありえない事態になってしまった。そんな気がしています。面会した中川智正さんは、麻原彰晃の主治医的立場でいちばん身近にいた信者ですが、僕のこの仮説にかなり同意してくれました。『A3』には書きましたが、いろいろ思い当たることはあるようです。

礫川●ナチスにも、そういうところがあったと言われています。日本の軍部にも、そういうところがあったようですね。

森●初期のナチスには、オカルト的な結社であるトゥーレ教会のメンバーがかなり入り込んでいました。ルドルフ・ヘスやアルフレート・ローゼンベルグなんかそうですね。同時にトゥーレ協会は民族主義の牙城でもあり、反ユダヤ主義も掲げていました。今の日本でいえば日本会議に近いのかもしれない。

礫川●ユダヤ人差別については、ナチスがやったとか、ドイツ人がやったというふうに、一方的に書かれているし、そう思っている人も多いのですけれども、一九三七年に発表された文献[*54]を読んでいたら、当時、東欧一帯は、もうほとんど全部、反ユダヤ主義です。もちろん、ナチスの侵攻以前です。ナチスが侵攻する以前に、反ユダヤ主義に関していえば、もう、その下地が作られていたんです。

＊54　H・J・セリグマン（森田武彦訳）「ユダヤ人問題の将来」『国際文化協会報』第二一号（一九三八年一月二〇日）、原論文が発表されたのは『ニュー・リパブリック』一九三七年一二月八日号。

森●ポグロム[*55]ですね。特に東ヨーロッパではすさまじかった。

礫川●そこにナチスが入っていくわけだから。やっぱり反ユダヤというのは、ナチスだけの問題、ドイツだけの問題じゃなくて、ヨーロッパ全体にあった反ユダヤ的な雰囲気に乗っていったところがある。ナチスが、ヨーロッパ全体にあった反ユダヤ的雰囲気を助長し、かつ、それを利用したといったあたりの構造を見ないと、ナチスの問題は解けないのではないかと思います。

森●キリスト教文化圏において、ユダヤはイエスを処刑した民族です。だからこそ憎悪は強い。しかも故国を持たない人たちだから、どこの国やエリアにおいても常に異邦人であるわけです。こうして「ヴェニスの商人」に描かれる金貸しシャイロックのように、強欲で残虐で血も涙もない人たちとのイメージが造形される。でも実のところは、イエスもユダヤ人です。そこからは目を逸らす。都合よく歴史を編纂する。そのうえでユダヤ人を仮想敵にする。そこにシオンの議定書などの謀略的な文書、偽書が出てきて、ユダヤ人は世界を征服しようとしているなどの謀略史観が立ち上がる。

礫川●最近、『ヒトラー演説[*56]』という本を読んだのですが、それによると、ヒトラーは演説の中で、「イエスにはアーリア人の血が流れている」というようなことを言っていたようです。

アーリア人の血が流れていると言いながら、ヘブライ人ではないとまでは言っていない。このあたり、いかにも一筋縄ではいかないデマゴーグという感があります。

この対談のメインテーマは、オウム真理教ですが、この問題が波及する範囲は、すごく広いと思います。

森●とても普遍的だと思います。

礫川●森さんとこういう対談ができたことは、私にとって、非常にうれしいことなのですけれども、何となくというか、どうしてもマイナーなのです。もっと多くの人に、こういう話題を振ってみたいと思っています。

森●僕も『A3』はもっと話題になると思っていました。担当編集者は、「今の出版状況でノンフィクションとしては相当に売れたほうだ」と言います。確かにそうかもしれないけれど、売れる売れないはともかくとして、もっと話題にはなるだろうとは思っていました。少なくとも麻原法廷についての見方くらいは、もっと変わるんじゃないかなって……。

礫川●自分の今の偏見なり思い込みなりを、壊されたくないっていう気持ちが、みんなにあるんだと思います。

森●それは間違いなくありますね。

礫川●自分の今の偏見なり思い込みなりとは違う話を聞くのを嫌がるというか、それがまた、バ

＊55　ユダヤ人に対し行なわれる集団的迫害行為。殺戮・略奪・破壊・差別など。

＊56　高田博行著『ヒトラー演説――熱狂の真実』（中公新書、二〇一四）。同書七八ページ以下に紹介されている「ディンゴフィングにおけるナチ党集会での演説」（一九二五年一二月一二日）の中で、ヒトラーは、「キリストは、アーリアの血を持っていたのだ」と言っている。

ッシングにつながってゆくのかもしれませんね。

森●映画の『A』と『A2』の動員が振るわなかった理由は何となくわかります。オウム真理教についてはそれまで、テレビで特番とかスクープ映像とかを、うんざりするほど観ているわけです。誰もがオウム真理教については辟易していた。忌避や嫌悪もあったと思います。テレビの特番とかとは視点がまったく違うのだけれど、なかなかそうは思ってもらえない。それと山形国際ドキュメンタリー映画祭の観客の反応が典型だけど、観たら洗脳されるのではないかという恐れも、決して冗談ではなく、当時はリアルにあったような気がします。

礫川●『A』はよかったですよ。特に私は、荒木浩さんが汽車に乗って故郷に帰っていくあたりがいいなと思いました。

20 オウム法廷の異常性

——ここから、「オウム法廷」について、お話しいただければと思います。

森●麻原の精神鑑定について、礫川さんの意見を聞かせてもらえますか？　あれだけの大事件なのに、一審終了まで一度も精神鑑定がなかったことが僕には不思議なのですが。

礫川●しかも、現におかしな言動をしている。実態からすれば、精神鑑定はやらざるを得ない。しかし、最初から、「麻原彰晃は、まともであって、訴訟能力がある」という結論が用意されていた。このあたりが、『Ａ３』の最大のポイントだったじゃないですか。オウム事件そのものはさておき、オウム法廷のあの異常性は何なのだという衝撃を受けました。

森●一審の弁護団は長期化を狙っているとして、メディアや社会から、激しく批判されました。でも麻原彰晃が一審にかけられた時間は七年一〇か月です。一三事件で殺害した人の総数は二七人なのに。長いどころか異常に短い審理期間です。ところが誰もそうは発想しない。早く吊るせとの怨嗟の声が社会に満ちる。誰も反駁できない。

結局は一審終了時に弁護団は解散して、二審が始まる前の弁護士は、新たな二人だけになりました。他に手を挙げる人がいないのです。その二人が精神鑑定を初めて主張した。なぜなら控訴趣意書が出せないからです。

控訴するという被告人の意思表示が控訴趣意書です。ところが麻原彰晃にその意思がない。そもそもコミュニケーションができない。だから精神鑑定をしてほしいという主張です。ところが裁判所はこれを認めない。この時期に控訴趣意書は形式的に出せばよいと主張をする人もいたけれど、それでは何の意思も判断能力もない人を被告席に座らせることになる。このときの弁護人は僕に、「被告とコミュニケーションがまったくできない」と訴えていました。それではまともな弁護ができるはずがない。

だから弁護団は、六人の精神科医に鑑定を依頼してメディアに発表した。程度の差はありますが、全員が精神の異常の可能性を認定したと言っていいと思います。数人は治療さえすれば直るとも診断した。仕方なく裁判所が鑑定を認めるけれど、指名された精神科医の西山詮さんは、今の状態は詐病であるとの鑑定結果を出します。つまり精神障害を装っているとの内容です。

その鑑定書を僕は入手したけれど、例えばボールペンを目の前に差し出したら、前日には反応しなかったけれど、次の日にはこれを握ったという記述が出てきます。つまり握る能力があったのに隠していた。だから詐病だというロジックです。呆然とします。ならば、乳幼児でもレッサーパンダでも被告席に座れます。最初から詐病を認定するために鑑定したとしか思えない。この鑑定書は二〇〇六年三月二〇日に高裁に提出されました。つまり詐病なのだから控訴趣意書がなければ裁判は続けられないということになります。

このままでは控訴が棄却されてしまう状況になってしまったので、弁護団は控訴趣意書を提出すると発表します。高裁もこれを認めた。ところが提出すると発表した期日前日の二〇〇六年三月二七日に、高裁は控訴趣意書が提出されないことを理由に、控訴棄却をいきなり決定しました。ほとんど詐欺です。こうして戦後最大の事件のキーパーソンの裁判が、一審だけで終わってしまいました。

本来であれば、メディアがこの裁判の異常さを訴えなければならない。でもこのとき、ほとんどのメディアは沈黙しました。なぜならば国全体が、「早く処刑しろ」という雰囲気で満ちていましたから。

礫川●そういう不当な措置に対して批判をおこなうとしたら、メディアしかないですね。にもかかわらず、全メディアが、それに対して沈黙したわけですね。

森●全メディアではないけれど、主要メディアはむしろ高裁の処置に賛同したという気がします。

礫川●そうでしたか。戦前に弾圧を受けた大本教やひとのみち教団は、徹底した裁判闘争をおこない、裁判は大審院に及びました。ところが、麻原彰晃の裁判は、今、お話があった通り、二〇〇六年三月二七日に、東京高裁が突然、弁護側の控訴を棄却したため、一審で終結することになりました。戦後憲法の下、しかもこれだけの大事件の裁判が、一審で終わってしまうというのは、あまりにも異常な事態です。法治国家としての日本は、この瞬間に終わったな、というのが、お聞きした印象です。

あと、この裁判では、どこかの時点で、主任弁護人の安田弁護士が解任されるといった一幕もあったと記憶しますが。

森●解任の前に逮捕されています。一九九八年一二月に、顧問弁護士をしていた会社の事件に絡んで「強制執行妨害」の疑いで逮捕されたわけですが、どう考えてもフレームアップです。

安田さんは有能ですし、弁護団のシンボル的存在でしたから、権力側に狙われたという見方をする人もいます。東海テレビが制作したドキュメンタリー映画『死刑弁護人』を観れば、この逮捕がいかに不当であるかはよくわかります。

礫川●権力が宗教を弾圧するときは、犯罪に絡めて弾圧していくわけで、直接「宗教弾圧」という形はとりません。戦前の「ひとのみち」の弾圧は、一五歳の少女を強姦したという容疑で、初代教祖を逮捕するところから始まっています。

オウム真理教の場合は、オウム真理教がみずから、あのような犯罪を犯してしまったために、「宗教弾圧」という性格が見えにくくなっています。しかし、今のお話によりますと、安田弁護士は、全く別の事件で「犯罪」に絡めて逮捕されています。まさに政治的逮捕です。むしろこういうところに、オウム真理教が「宗教弾圧」であるという一面が見えるのではないでしょうか。

少し前、私は、道路の右側を、自転車でわずか一〇メートル走っただけで、若い警官に制止され、自転車の防犯登録番号をチェックされました。どんな行為だって、「犯罪」にされかねない時代です。道に落ちていたものを拾ったら、占有離脱物横領とか。

森●オウム真理教事件以降、厳罰化が加速する過程と並行して、刑事法も急激に変わりました。例えば銃刀法も改正されました。警察官がその気になれば、八センチ以上のボールペンがカバンに入っていたら、それだけで現行犯逮捕ができてしまう。

磯川●霞が関の東京地裁、東京高裁も、フリーパスでは入れません。チェックされ、透視されます。これも、オウム真理教事件以降でしょう。何かとても、恐ろしいほどの変化が生じた。社会のシステムにも生じたし、人々の意識にも生じましたね。当然、教育とか福祉とか、あまり目につかないところでも生じていると思います。このことは、よく観察した上で、ハッキリと指摘してゆく必要があると思います。

森●異物排除、あるいは異物敵視みたいな風潮が本当に強まった。駅のごみ箱が透明になったのもオウム真理教事件以降です。あるいは駅のホームや公園にあるベンチの真ん中に仕切りを入れて、人が寝られないようにする。要するにホームレス排除でしょうね。

日本社会のシステムも、人の意識も大きく変わりました。そうした些末なことだけではなくて、集団的自衛権行使の閣議決定や特定秘密保護法、憲法改正とか防衛庁が防衛省に格上げとか、あるいは今の安倍自民党への熱狂的な支持とか、ほぼすべてがオウム真理教事件によって始まった集団化によって、副次的にもたらされています。だからこそ麻原彰晃の法廷は重要でした。でもあのときは、右も左も保守もリベラルも、ほとんどが麻原憎しで、異議を唱えなかった。

21 カルトか宗教か

礫川●これは雑談風になりますが、先日、私は、戦争中に、国家権力の弾圧に対して、かなり粘り強く抵抗して、ある程度までその弾圧を跳ね返した、ある宗派の宗務院を訪ねて、取材をおこないました。

応対してくれたお坊さんは、もちろん親切に対応してくださったし、いろんな話を聞かせていただいて、非常に勉強になったんです。

その席で私は、こういった抵抗の歴史は、もっともっと多くの日本人に、知らせるべきだということを申し上げたのですが、それに対する反応が、今ひとつ歯切れが悪いんです。どちらかというと、そういった抵抗の歴史は、あえて強調したくないという印象を受けたのです。それでさらに、いろいろとお聞きしたわけです。

この抵抗の歴史については小笠原日堂という人が『曼陀羅国神不敬事件の真相』という本にまとめています。*57

ここから先は、私の推測に過ぎませんが、要するに、その宗派が自派の抵抗を強調すれば、間接的な形で、他宗派が時局に迎合した事実を指摘することになる。そういった配慮が見えたように思いました。

森●仏教系ですか。

礫川●はい。

森●どの宗派なんですか。

礫川●当時で言う「法華宗」です。一九四一年（昭和一六）四月に開始された弾圧の直前に、宗派の統合がおこなわれていますから、実質的には「旧本門法華宗」に対する弾圧です。今日の「法華宗（本門流）」にあたります。

森●意外ですね。

礫川●私も、最初は意外でした。

いずれにしても、なぜこれまで、伝統的宗派におけるそうした抵抗が、あまり語られてなかったかというと、やはりそれには、それなりの事情があったようなのです。

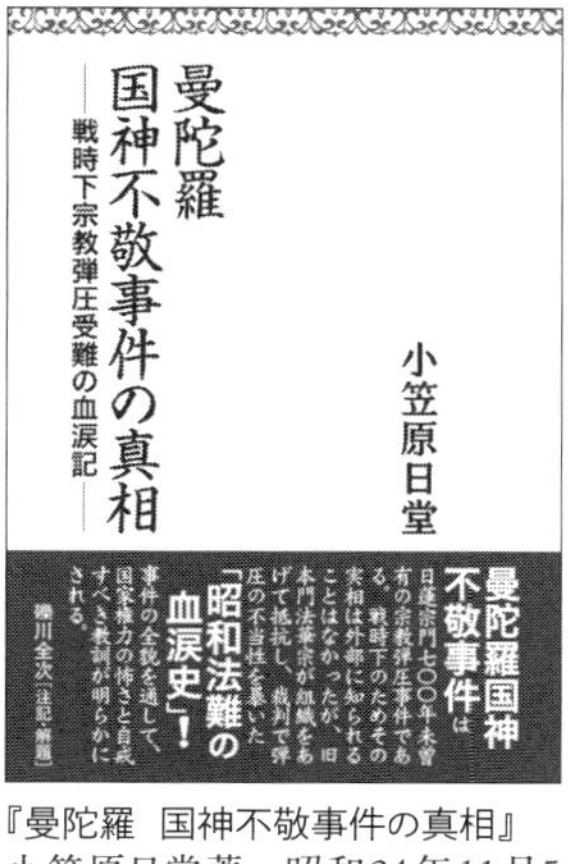

『曼陀羅　国神不敬事件の真相』小笠原日堂著、昭和24年11月5日刊行の初版本の翻刻版（批評社、2015.2.25）

＊57　この『曼陀羅国神不敬事件の真相』は、二〇一五年二月に批評社から初版本の翻刻版が刊行されている。

国家権力に抵抗したということは、宗派としては誇らしいことなんだけども、同時に「草の根」的な部分というものも意識しなければならないという微妙な問題を含んでいます。

森●つまり民意。メディアや政治と同じです。

磔川●メディアが読者を意識しないといけないのとパラレルなのです。ここに、日本の大きな問題があります。単純に「正義」を貫けばよいかというと、必ずしも、そういうことにはならないという。

森●浄土真宗大谷派の竹中彰元は、戦争中に「戦争は罪悪である」と発言したことで村人たちの怒りをかい、通報されて逮捕され、さらに本山から布教師資格を剝奪されました。彼は終戦の年に死にました。でも最近、名誉回復運動が一部の僧侶たちによって始まり、二〇〇七年には本山が処分取り消しを決めて謝罪しています。これもやはり浄土真宗ならではと思います。間違いを隠さない。

磔川●大逆事件関係でも、処刑された内山愚童は、一度、曹洞宗から僧籍を剝奪されましたが、一九九三年に名誉回復されています。無期懲役になった高木顕明《けんみょう》も、浄土真宗大谷派から僧籍を剝奪されましたが、一九九六年に名誉回復されました。仏教は、そういうところは、意外と潔いところがありますね。権力よりは、よほどまともだと思いますね。

それから、だいぶ前に、免田栄さんの講演を聴いたことがあるんですが、こんなことを言っておられました。

刑務所にやってくる教誨師（僧侶）に、自分は無実だということを訴えたところが、いくら訴えても聞いてもらえない。かえって、「あなたは無実の罪で死刑になる宿命にある」と諭されたそうです。そこで、絶望しそうになったが、その刑務所には、キリスト教の教誨師もいて、その人が、自分の話を聞いてくれ、さらには再審を手助けしてくれたというんですね。

無実の罪で処刑されようとしている死刑囚に対して、「あなたは無実の罪で死刑になる宿命にある」という教誨師がいたと、免田さんが語られるのをお聴きし、ちょっと鳥肌が立つような恐怖を感じました。

そのあと、免田栄さんの『免田栄　獄中記』（社会思想社、一九八四）を読む機会がありましたが、ここにも免田さんは、今のエピソードを記していました。この教誨師（僧侶）の言葉を、本から引用しますと、「これは前世の因縁です。たとえ無実の罪であっても、先祖の悪業《あくごう》の因縁で、無実の罪で苦しむことになっている。その因縁を甘んじて受け入れることが、仏の意図に添うことになる」となっています。

この教誨師は、免田さんが再審請求をしようとしているのを知って、それを断念させるために、こういうことを言ったようです。

それから、この教誨師の宗派は、たぶん浄土真宗だと思いました。「悪業」というような言葉を使っていますし、また教誨師には、浄土真宗の僧侶が多いということですから。

それにしても、この教誨師のいうことは「すごい」と思いました。なかなか、こういうことは言えません。と同時に、教誨師の言葉に動じず、再審をあきらめなかった免田さんの精神力もすごいと思いました。

森●少し話を変えていいですか。最近はカルトという言葉が、既成仏教に対して、とても安易に使われすぎていると感じています。浄土真宗だって黎明期においてカルト的な側面はあったし、今の週刊誌的論調なら、親鸞はテロリスト予備軍と呼ばれても不思議はない。

承元《じょうげん》の法難（一二〇七）では、親鸞と師匠の法然たちは既存仏教教団より弾圧され、さらに後鳥羽上皇の決定によって、四人は処刑されて法然と親鸞たち七人は流罪に処されています。それほどに危険視された宗派です。特に親鸞は激しかった。肉食妻帯を実行します。おそらく当時の宗教界としては、とんでもない異端児だったと思います。

宗教は既成の価値観を否定します。だから絶対に社会の規範やルールとぶつかる。浄土真宗だけではなく他の仏教宗派も、キリスト教もイスラム教も、その黎明期においては社会から危険視され弾圧されます。ブッダもそうですね。バラモンの文化に真っ向から反対した。でも時間の経過とともに、世間あるいは権力に迎合し合いながら、カドが取れて世俗的になる。

そう考えたら、オウム真理教もいずれ、あるいは二百年、三百年後に、ひとつの既成宗教として存続している可能性も絶対なくはない。そうしたら、麻原彰晃教祖は宗祖になっているかもしれない。これほどに不当な裁判と処刑の記憶が残るならば、ナザレのイエスがまさしくそうですが、その神話化をさらに助長する可能性だってある。

礫川●私は、それほど真剣に考えたわけではないけれども、裁判が進行していたときに、もし、実際に麻原彰晃の死刑が執行されたら、かえって大変なことになるんじゃないかと思ったことがあります。

キリスト教は、イエスが反逆罪で捕えられ、十字架上で刑死したという史実に起源を持っています。イエスの死後、イエスが神の子であり、救世主（キリスト）であるという信仰が生まれました。つまり、イエスの刑死という事件がなければ、キリスト教が成立することも、それが発展することもなかったことになります。

モルモン教の創始者ジョセフ・スミス・ジュニアは、暴動罪の容疑で牢獄に入れられたところを、一八四四年、住民に襲撃されて、殺されています。モルモン教が彼の死をどのように解釈しているかは知りませんが、彼の死後も、モルモン教は発展を続けて今日にいたっています。

吉田松陰が江戸伝馬町で斬首されたのは、一八五九年（安政六）のことでした。これは、老中首座である間部《まなべ》詮勝《あきかつ》の暗殺を企てたと自供したことによるものでした。松陰の死に激怒した久坂《くさか》玄《げん》瑞《ずい》、高杉晋作、伊藤博文、山県有朋、品川弥二郎といった門人たちは、その後、倒幕運動に狂奔し、明治維新を実現します。もし、吉田松陰の刑死という事件がなければ、幕末史は、まったく別のものになったかもしれません。

これは、サワリのある言い方になりますが、明治維新と明治国家の形成というのは、吉田松陰を師と仰ぐ松下村塾カルト集団が、日本という国家をのっとる過程であったと言えなくもありません。

そういうわけで、麻原彰晃にしても、もし死刑になったとすると、悲劇の教祖として、永遠に信者から崇め奉られることになるかもしれない、などと思ったこともありました。もっとも、そういうことを言っても、誰からも共感してもらえませんでしたけど。

森●ただし今の麻原彰晃を見たら、誰もそうは思わないでしょう。特に信者たちにとって、彼は森羅万象を見通す力を持っている超人です。何しろ最終解脱した存在です。精神が崩壊するなどあってはならない。

公安調査庁はいまだに麻原彰晃に帰依している信者がいるからというロジックで危険性を喧伝しますが、ならばなおのこと、今の麻原彰晃の状態を公開すべきです。そのうえで治療して裁判をやり直す。なぜあのような事件が起きたかを本人に語らせる。もう治療が間に合わないかもしれない可能性は高いけれど、その努力を放棄すべきではない。

礫川●宗教というのは、なかなか難しい問題ですね。今回、批評社さんが、「事件と犯罪を読む」というシリーズを始めて、私の『戦後ニッポン犯罪史』もそのシリーズに加えてもらったんだけど、「事件と犯罪」ということを考えるにしても、最近は、宗教とか国家という問題が、つねに念頭にあります。私自身の問題意識も変わってきたんだと思います。

もちろんこれは、オウム真理教事件以降のことであり、端的に言えば、森さんの『A3』を読んだり、『A』を観たりしたことの影響が大きかったと思っています。

それにしても、事件と犯罪、宗教と国家といったテーマについて考える際に、昔だったら総合雑誌、専門誌、その他のマニアックな雑誌などがあって、そこからいろいろな言説が学べたのですけれど、今は、そういった雑誌の多様性が失われてきているのではないかという印象がありますね。やっぱり、日本の社会が、文化的に後退してきたというのか、知的な需用が減少してきたというのか。

森●インターネットの影響は大きいと思います。

礫川●昔は、得体の知れない雑誌がいっぱいあったんです。そういう雑誌が、一九九五年あたりを境にして、ほとんどなくなってしまった。

森●オカルト系は、確かにオウム真理教事件を契機にして減りましたね。メディア批評については、『創《つくる》』が頑張っていますけれど。

礫川●気を吐いているのは、あとはミリオン出版ぐらいじゃないでしょうか。ミリオン出版の雑誌は、コンビニという販路を通して、相当の部数を出していると聞きました。ある意味では、貴重な存在かなと思っています。『噂の真相』は、怪しげなところが魅力でした。メディアの魅力は、本来、そういった怪しげなところにあるのじゃないでしょうか。

22 メディアと冤罪

森●皮肉なことにオウム真理教事件以降に顕著ですが、この国の犯罪件数は減少しています。殺人事件にしても、ほぼ毎年、戦後最小を更新しています。二〇一四年には一〇〇〇件を下回りました。これだけ治安がよくなっているのに、メディアの過剰な事件報道によって、国民の体感治安は悪化する一方です。

そういった時代状況で、裁判員制度が導入された。僕は基本的に、国民が関心を持つことは悪いことではないし、裁判員制度を導入することで、みんなが裁判を身近に思うようになって真剣に考えるならば、それはそれで悪いことじゃないと思っています。でも、治安がこれだけ良好になっているという大前提すら国民が共有できていない状況で、市民感覚は裁判にどのような影響を与えるのかについては、もっと論議されるべきです。ほかにも、守秘義務の問題とか、いろいろな問題があります。*58

確かにアメリカには陪審員制度があり、ヨーロッパでは参審員制度がある。導入時にはだから日本も市民参加すべきだと法務省は主張していました。でもヨーロッパは、ベラルーシ以外はすべて死刑を廃止しているし、アメリカは州によっては死刑があるけれど、陪審員制は量刑まではでは決めません。ギルティー・オア・ノットギルティー(guilty or not guilty)、有罪か無罪だけですね。

だからそういう意味では、日本は世界の歴史において初めて、市民が死刑にするかどうかを判断しなければいけない国になったわけです。もういくつか死刑判決が出ているけれど、裁判員のプレッシャーは相当だと思います。

裁判員制度を導入するならば、死刑制度は現行のままでよいかどうかということを、もっと議論しなければならなかった。日本の文化だから残しますみたいな低レベルの理屈で死刑制度が残された状況のまま裁判員制度を導入すべきではなかったし、今からでも議論すべきです。

そして今日のテーマにからめていえば、これほどに体感治安が悪化して、厳罰化の方向に舵を切ったのは、明らかにオウム真理教事件がきっかけです。

礫川●今、死刑っていうことを根本的に議論しなければいけないとおっしゃったけど、全く同感ですね。これは、どなたか冤罪事件に詳しい学者が話されていたんですけど、要するに、死刑という制度は、それ自体にも問題があるけれど、冤罪を作り出すという点においても、非常に大きな問題があると。つまり、「死刑にはしないから」と言って、嘘の自供をさせる。これで、どれだ

＊58　日本の裁判員制度では、裁判員には守秘義務がある。また、裁判を担当した裁判員の氏名などの情報は公開されない。

け冤罪が作られてきたかということを強調していました。やっぱり死刑という法制度が一方にあるから、それさえ免れるならば、というので、やってもいない犯行を認めてしまう。死刑制度は冤罪のもとということを指摘した方がいて、まさにその通りだと思いました。

先ほど井上嘉浩が、「麻原彰晃の指示で」と証言したという話がありましたが、これも、死刑に対する恐怖があって、そういった証言をした可能性があるわけです。結果的に彼は、死刑が確定してしまったわけだけれども、このときは、ただただ、死刑だけは免れたいと考えていたのではないか。そういった死刑への恐怖が、「リムジン謀議」証言を生み出し、それが麻原彰晃の死刑判決につながっていったと解釈できなくもない。やはり、この死刑という制度は、制度そのものが問われなくてはならないという感想を抱きました。

森●冤罪はもちろん論外です。最近、袴田巖さんの再審が認められて釈放されて、各メディアが大きく報道しました。いかに当時の裁判が公正ではなかったか、いかに警察の取り調べが苛烈だったかなど、証拠採用された味噌樽の中の衣服が捏造されたものである可能性も含めて、捜査機関のアンフェアさをとても大きく報道した。

現在の報道それ自体は、とりあえず評価します。でもかつて袴田さんが逮捕された当時、メディアはどのような報道をしていたのか。

これは一九六六年（昭和四一）八月一八日の毎日新聞です。この時点で袴田さんは任意同行で取り調べ中だから、起訴もされていない。つまり一容疑者です。でもその段階で、毎日新聞はどのように報道したか。見出しは「不敵な薄笑い」で始まります。本文を引用してみましょう。

「奪った金は二十万余円という。この金欲しさに、働き盛りの夫妻と将来ある中学生の長男、高校生の次女をまるで虫けらのように殺している。心理学者の言葉を借りれば、良心不在、情操欠乏の動物型とでも言うのだろうが、動物にも愛情はある。その片鱗も持ち合わせていないのだから、悪魔のようなとはこんな人間を言うのだろう。(略)袴田はとても常人の物差しではかり知れない異常性格者である。残虐な手口、状況証拠を突きつけられても、頑として二十日間も口を割らなかったしぶとさ。(略)彼の特色といえば、情操が欠け、一片の良心も持ち合わせていないが、知能だけは正常に発達していることである。」

たまたま毎日新聞をあげたけれど、ほかの新聞も、あるいはメディア全般、こんな感じだったのでしょう。何も予備知識がない状態でこういった報道を見聞きすれば、誰だって袴田さんが犯人だって思いますよ。

警察も背中を押されます。無理をします。狭山事件なども同じ構造です。こうした民意形成の根源にあるのは、やはりメディアの市場原理です。いかに視聴者の関心を引くか、読者の興味を引くかです。そうした中で、こうした冤罪が起きてしまう。

当時の自分たちの報道について、各メディアは自己検証すべきです。それがなければまた同じことをくりかえす。他にも名張毒ぶどう酒事件[*59]とか福岡事件[*60]とか飯塚事件とか、まず間違いなく冤罪だろうと思われるケースはたくさんあります。福岡事件や飯塚事件は死刑執行してしまいました。だからこそ再審に応じなければならない。

袴田さんが釈放されたときに、メディアは一斉に、アンフェアな裁判や取調べを報じたけれど、本当にそう思うのなら、なぜもっと早く報道しなかったのか。テレ朝の『ザ・スクープ』など一部では以前に報道していましたが、でもほんの一部です。もっと前の段階で、味噌樽から見つかった服は全然サイズが合わないとか、そうした報道をすべきでした。ならばこれほど長く拘置はされなかったはずです。それが釈放された瞬間から、お墨付きをもらったとでもいうかのように報じ始める。テレビ画面を見ながらとても悲しくなりました。

何度も言いますように、メディアは社会の鏡像です。メディアと社会が未成熟な限り、司法に期待できるはずはない。だからこそ麻原裁判のようなことが起きた。取り調べ可視化も法務省や警察の抵抗で進まない。ならば冤罪は今後も起きる。そうした状況を放置したまま裁判員裁判だけが突出すれば、弊害は絶対に生じます。

——最後に、まとめ的な言葉をお願いします。

森●三月二〇日は地下鉄サリン事件から二〇年ですし、メディアもそれなりに特集を組んだりすると思います。でもアレフやひかりの輪がいかに危険であるとか、僕からいえばまったく本質から離れた議論に終始するだろうと想像しています。麻原法廷の問題点、あるいはなぜ彼らはサリンを撒いたのか、こうした視点は、ほとんどのメディアはやらないと思う。浅いレベルで狂奔して終わるのは目に見えています。そう思っていた時期でしたから、麻原法廷の問題点を主眼にした対話をしたいとの申し出は、うれしかったしありがたかった。それに尽きます。

磯川●私は、森さんの『A3』という本を読み、映画『A』を観て、オウム真理教事件やその裁判を見直すことができました。また、そのことを通して、「国家と宗教」の関係、「宗教と犯罪」の関係、そういう問題について、さらに深く考えることができるようになったと思っています。本日は、森さんのお話を伺うと称しながら、私の勝手な論理、勝手な思い込みに、森さんをつきあわせてしまったのではないかと反省しています。森さんは、どう思っておられるかわかりませんが、私のほうは、話が合う方だなという印象です。ついでに言えば、私もかなりのKYです。とにかく非常に有益な時間をいただいて、ありがとうございました。

――今日は、長時間、どうもありがとうございました。これで終わらせていただきます。

＊59　名張毒ぶどう酒事件は、一九六一年（昭和三六）三月二八日の夜、三重県名張市葛尾地区の公民館で起きた毒物混入事件。五人が死亡し、「第二の帝銀事件」として世間から騒がれた。奥西勝さんの死刑判決が確定しているが、冤罪である可能性がある。第八次再審請求がおこなわれていたが、二〇一五年一月、却下された。

＊60　福岡事件は、一九四七年（昭和二二）五月に福岡県福岡市で発生した殺人事件。福岡ヤミ商人殺人事件ともいう。捜査当局が七名を検挙したが、事件は偶発的に発生したものであり、冤罪であった可能性がある。一九七五年（昭和五〇）主犯として処刑された人物は、「叫びたし寒満月の割れるほど」という辞世の句を残している。

あとがき

昨日(二〇一五年二月二〇日)のニュースで、高橋克也の裁判に証人として出廷した井上嘉浩が、「地下鉄サリン事件は『宗教戦争が起こる』とする麻原の予言を成就させるために事件を起こしたと思った」と証言したと報じられた。

最後の述語である「起こしたと思った」のニュアンスがよくわからないが、強制捜査をかわすことを目的としてサリンを撒いたとする自らのリムジン謀議の証言を、井上はまたも覆したことになる。

本来ならここで、ならばリムジン謀議を重要な柱にした麻原判決は無効ではないかとの疑義が、メディアから提示されてもよいはずだ。そもそもこの法廷だけではなく、死刑が確定した信者たちを証人として訊問した平田信や菊地直子の法廷にも、なぜ最大のキーパーソンである麻原を証人として呼ばないのか。そうした疑問も目にしたことはない。呼べるはずがないと多くの人は思っているのだろうか。あるいはまったく視界に入っていないのだろうか。

いずれにせよこうして、本人不在の裁判を続ければ続けるほど、サリン事件の動機は錯綜して混迷する。ならば社会の変化はさらに加速するばかりだ。

アニバーサリー的な催しは基本的には苦手だ。メディアも特集やスペシャル番組などで周年的な要素を強調するが、こうした消費のされかたは、逆に風化が進行していることを表している。
もちろんこれを契機に、歩いて来た道を振り返り、当時は気づかなかったことや目を逸らしていたことなどに気づくことは有意義だ。でも振り返りながら、当時と同じ事実関係や感覚を再確認して強調するだけなら、意味などまったくないし、むしろ振り返らないほうがいい。

批評社の編集部から「礫川全次さんと『A3』をテーマに対談をしませんか」と最初に打診されたとき、『A3』を評価されたことが単純に嬉しかった。僕にとってはそれほどに重要な一冊だ。でも対談は(当たり前だけど)『A3』の話題だけでは終わらなかった。宗教と国家について、宗教と暴力について、メディアと宗教について、礫川さんからは多くの視座や刺激を与えられた。

このあとがきを書き終えたら渡英する。オックスフォードやマンチェスターなど複数の大学が共同で行うオウム二十年のシンポジウムと、『A』『A2』の上映会に参加するためだ。研究者たちの多くは『A3』も読んでいるようだ。

本質を考察するうえで最も重要なサリン事件の動機への解明。そして一審で打ち切られた麻原法廷の異常さ。何よりもオウムによって変容した今の日本社会。そうした論点を徹底的に、世界から集まる研究者やイギリスの観客たちとディスカッションしてくるつもりだ。

なぜならそれは本質だから。そしてこの論点のほとんどは、この対談で、礫川さんが提示してくれている。

森 達也

著者略歴

森 達也（もり・たつや）

作家・映画監督。1956年生まれ。テレビ番組制作会社で報道番組やドキュメンタリーなど数多くの作品を制作。1996年にオウム真理教をテーマにした映画『A』、2001年には続編『A2』を公開し高い評価を得る。その後は執筆を活動の中心に据え現代社会に鋭く切り込むメディア論、社会論を展開。『放送禁止歌』（知恵の森文庫）、『死刑』（朝日出版）、『A3』（集英社インターナショナル）など著書多数。2011年度朝日新聞論壇委員。明治大学客員教授。

礫川全次（こいしかわ・ぜんじ）

1949年生まれ。在野史家。歴史民俗学研究会代表。著書に、『史疑　幻の家康論』、『大津事件と明治天皇』、『サンカ学入門』、『攘夷と憂国』、PP選書『日本保守思想のアポリア』（批評社）、『サンカと三角寛』、『知られざる福沢諭吉』、『アウトローの近代史』、『日本人はいつから働きすぎになったのか』（平凡社新書）、『サンカと説教強盗』、『異端の民俗学』（河出書房新社）。共著に、『攘夷と皇国』（批評社）。編著書に、歴史民俗学資料叢書（第1期、第2期、第3期・各全5巻）ほか。

SERIES：事件と犯罪を読む

宗教弾圧と国家の変容
——オウム真理教事件の「罪と罰」

2015年3月10日　初版第1刷発行

著者……森　達也
　　　　礫川全次

装幀……臼井新太郎

発行所……批評社
〒113-0033 東京都文京区本郷1-28-36 鳳明ビル102A
電話……03-3813-6344　fax.……03-3813-8990
郵便振替……00180-2-84363
Eメール……book@hihyosya.co.jp
ホームページ……http://hihyosya.co.jp

印刷……㈱文昇堂＋東光印刷
製本……㈱越後堂製本

乱丁本・落丁本は小社宛お送り下さい。送料小社負担にて、至急お取り替えいたします。

ISBN978-4-8265-0615-1 C0021